열린 한국어
중급

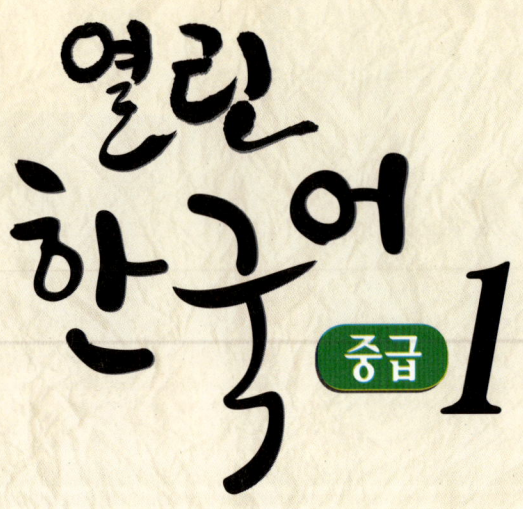

저자 한국어교육열린연구회

펴낸날 1판 1쇄 2011년 12월 30일
1판 6쇄 2022년 2월 11일

펴낸곳 (주)도서출판 하우
펴낸이 박민우
등록번호 제475호
기획팀 송인성, 김선명
편집팀 박우진, 김영주, 김정아, 최미라, 전혜련
관리팀 임선희, 정철호, 김성언, 권주련
주소 서울시 중랑구 망우로68길 48
전화 (02)922-7090
팩스 (02)922-7092
홈페이지 http://www.hawoo.co.kr
e-mail hawoo@hawoo.co.kr

값 17,000원
ISBN 978-89-7699-864-4
ISBN 978-89-7699-867-5(Set)

copyright ⓒ 2022 by 한국어교육열린연구회

이 책의 저작권은 저자에게 있습니다.
서면에 의한 저자의 허락 없이 내용의 일부를 인용하거나 발췌하는 것을 금합니다.

머리말

　외국인을 위한 한국어 교재는 많습니다. 그러나 또한 너무 적습니다. 풍요 속의 빈곤, 한국어 교육을 위해 노력하는 많은 분들의 연구와 고민을 담은 좋은 교재들이 속속 출판되고 있으나 실질적으로 필요하고 가려운 곳을 긁어 줄 수 있는 적절하고 효율적인 교재들은 여전히 부족한 실정입니다. 대부분의 한국어 교육 현장을 책임지고 있는 대학 기관의 전문적인 교재들과 특수 목적을 위한 부문별 교재들이 나오고는 있지만 한국어 교육 자료들이 현저히 부족한 해외의 교육 프로그램이나 단기 프로그램 등 한국어 교육의 틈새 현장에서 사용하기란 다소 버겁고 적절치 않다는 것은 교육 현장에 있는 교사들이면 누구나 공감할 것입니다. 이에 일반 목적의 외국인 대상 비정규 프로그램에서 가르치고 있는 교사들이 수년간 현장에서 사용해 온 교재를 오랜 기간 수정하고 다듬어 드디어 **열린한국어**가 탄생하게 되었습니다.

　열린한국어는 한국국제교류재단(Korea Foundation)에서 후원하는 국제교류자원봉사망의 한국어교실[한국국제교류재단에서 후원하고 한국국제교류재단 문화센터에서 한국어교육 전문가들로 이루어진 봉사자들이 2005년부터 주한 외국인을 대상으로 진행하고 있는 무료 한국어 교육 프로그램. 연간 누적 학생 수 2천여 명, 약 80여 개국의 외국인들이 다녀가고 있으며 현재 한글반부터 고급반까지 주 1회 2시간씩 월 250여 명의 외국인들이 수강하고 있음.]에서 지난 7년 간 직접 사용하고 있는 교재를 한국어 교육의 단계에 맞춰 초급과 중급의 고빈도 문법을 엄선하고 영역별 언어 기능을 보강하여 수정·편집한 것입니다. 말하기, 쓰기, 듣기, 읽기의 언어 영역을 자연스럽게 연결시켜 수업할 수 있도록 구성하였으며 표현 넓히기, 날개 달기 등을 통해 보다 심화된 언어 능력과 유창성을 기를 수 있게 하였습니다. 여기에 교사들이 보다 효율적으로 사용할 수 있는 교사용 지침서를 함께 출판함으로써 기존의 부분적 출판에 그쳤던 교사용 자료집의 범위를 초급과 중급으로 확대하였습니다. 또한 친절한 교안과 상세한 수업 진행 방법, 실제적인 현장의 모습, 다양한 교실 활동 및 활동지까지 포함함으로써 학생과 교사를 두루 만족시킬 수 있는 한국어 교재로서의 완성도를 높이기 위해 노력하였습니다. 또한 기존의 교재와 확연하게 차별화될 수 있도록 아름다운 삽화를 풍성하게 구성하여 학생들에게 친근하게 다가갈 수 있게 심혈을 기울였습니다. 이처럼 유려하고 신선한 교재로 탄생될 수 있도록 전폭적인 지원을 아끼지 않으신 도서출판 하우의 박영호 대표님을 비롯한 편집, 디자인, 마케팅 등 그 밖에 여러 면에서 애써 주신 모든 분들에게 고마움을 전합니다. 또한 미미했던 한국어 교육 프로그램을 연간 수천여 명이 다녀가는 프로그램으로 발전할 수 있도록 장소와 예산 등을 물심양면으로 지원해 주신 한국국제교류재단의 김병국 이사장님, 윤금진 부장님 이하 모든 관계자 여러분께 진심으로 감사의 말씀을 올립니다.

2011년 늦가을 어느 날
한국어교육열린연구회 대표 천 성 옥
공동저자　김윤진, 정미진, 이순정, 최진옥, 여윤희, 박성혜, 신아랑, 황후영

일러두기

　기존의 학문 목적으로 만들어진 기관 교재나 특수 목적을 위한 다수 한국어 교재들과 차별화된, 실질적이고 효율적인 실생활 중심 교재입니다. 실제 한국인들의 언어생활에서 가장 사용 빈도가 높은 구어 문법 중심의 문형과 말하기, 듣기, 읽기, 쓰기 능력을 골고루 학습할 수 있도록 다양한 연습 기회를 제공함으로써 한국어의 정확성과 유창성을 기르며 단기간에 한국어 능력을 향상할 수 있는 교재입니다. 초급과 중급 단계의 기본적인 필수 문형을 모두 묶어 일상생활 속에서 흔히 접할 수 있는 다양한 상황별, 기능별 회화를 중점적으로 연습하고 실제 생활에 바로 활용하고 적용할 수 있는 유용한 표현들만을 엄선하여 담았습니다. 또한 실제 정규 한국어 교육 프로그램에서 다년간 검증을 마친 내용으로 구성되어 학습자의 목적을 불문하고 광범위하게 사용할 수 있고 한국어 과정 설계와 시간에 따라 다양하게 활용할 수 있는 합리적이고 실용적인 한국어 교재입니다.

구성

학습문법
해당 단원의 학습 문법을 제시합니다.

준비하기
단원의 주제와 관련된 사진이나 그림을 제시하여 학습자들이 흥미를 갖게 합니다. 간단한 도입 질문을 통해 수업 시작 전에 학습할 내용에 대해 생각해 볼 수 있습니다.

본문 확인하기
본문 대화문을 읽고 내용을 확인합니다.

어휘와 표현
본문 대화문에 포함된 새 어휘와 표현을 제시합니다.

어휘 알기/표현 알기
단원의 주제에 맞는 새 어휘(초급)와 표현(중급)을 학습합니다.

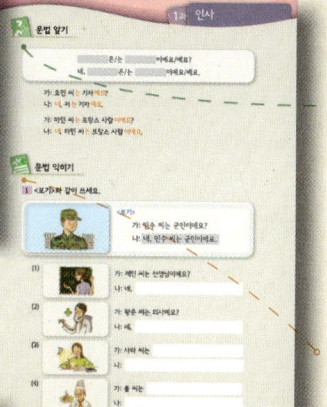

문법 알기
단원의 학습 문법에 대한 예문을 제시하고 활용 형태를 정리합니다.

읽고 쓰기
주제나 문법에 맞는 읽기와 쓰기를 연습하여 언어기능의 균형을 맞춥니다.

문법 익히기
단원의 학습 문법에 대한 연습 문제를 통해서 문법을 익힙니다.

날개 달기
단원의 주제에 맞는 활동을 제시하여 교실 수업을 보다 재미있게 만듭니다.

듣기
단원의 주제와 관련하여 학습 문법이 포함된 내용으로 듣기 문제를 풀어 봅니다.

표현 넓히기/문화 알기
주제와 관련된 표현의 확장을 할 수 있도록 다양한 정보를 제공하며, 문화 알기(초급)에서는 다양한 한국의 문화를 소개합니다.

말하기
단원의 주제와 관련하여 확장된 말하기를 연습합니다.

발음(초급)
초급에서 필요한 발음의 tip을 제시함으로써 발음 연습이 가능합니다.

목 차

- 머리말
- 일러두기
- 등장인물소개

1과 한국 생활 한국 친구를 사귀게 됐어요   10
문법   -는 데다가, -기는 하지만, -게 되다, -기 위해서
기능   장점과 단점 말하기, 변화 설명하기, 목표와 노력하는 일 말하기

2과 건강 빨리 나았으면 좋겠다고 했어요   28
문법   -는다고 하다, -냐고 하다
기능   다른 사람의 말 전달하기, 인터뷰 질문 말하기, 인터뷰 내용 발표하기

3과 직장 생활 오늘 회의는 여기서 마치도록 합시다   46
문법   -는 게 어때요?, -는 게 좋겠어요, -거든요, -도록 하다
기능   조언하기, 의견 조정하기, 제안하기, 거절하기

4과 모임 친구가 오라고 해서 가 봤어요   64
문법   -으라고 하다, -자고 하다
기능   규칙 정해서 발표하기, 추천 받은 내용 발표하기, 계획 세우기

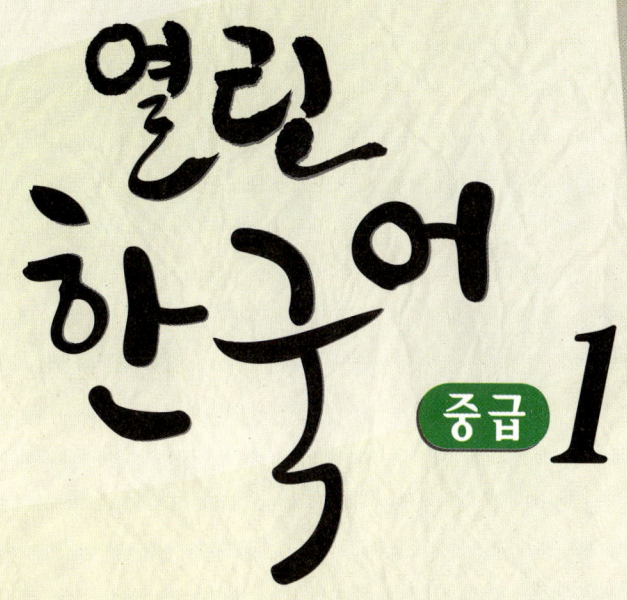

5과 여가 연극을 봤는데 정말 볼 만했어요 **80**
문법 -을 만하다, -더라고요, -을 걸 그랬어요
기능 후회 표현하기, 위로하기, 제안하기, 경험 말하기

6과 외모와 성격 성격이 밝고 솔직해서 친구가 많은 편이에요 **98**
문법 반말, -는 편이다, -을 정도
기능 비교해서 말하기, 다른 사람 소개하기, 정보 표현하기

7과 사고 기다리다가 눈이 빠질 뻔했어요 **116**
문법 -다가, -을 뻔했다, -을까 봐(서)
기능 경험 말하기, 조심하는 일 말하기

8과 교통 지하철은 막히지 않고 빠르잖아요 **134**
문법 -잖아요, -느라고, -을 텐데
기능 설득하기, 사과하기, 변명하기

부록 **153**

1과 한국 생활

학습목표 한국 문화에 대한 자신의 생각이나 경험을 말할 수 있다.

학습문법
- -는 데다가
- -게 되다
- -기는 하지만
- -기 위해서

준비하기

여러분이 알고 있는 한국 문화에는 무엇이 있습니까?
더 알고 싶은 한국 문화에는 어떤 것이 있습니까?
여러분 나라의 문화와 비슷한 점이나 다른 점을 이야기해 봅시다.

표현 알기

그림에 맞는 표현을 골라 빈칸에 넣어 봅시다.

(1) _____

(2) _____

(3) _____

(4) _____

(5) _____

(6) _____

(7) _____

수저를 사용하다
상을 차리다
이불을 펴다/개다
방바닥에 앉다
두 손으로 드리다/받다
고개를 숙여서 인사하다
자리를 양보하다

한국 친구를 사귀게 됐어요

소연 수지 씨, 한국말을 잘하시네요. 한국에 온 지 얼마나 됐어요?
수지 2년 정도 됐어요.
소연 한국에 오기 전에도 한국말을 공부했어요?
수지 아니요. 한국에 처음 왔을 때는 한국말을 하나도 몰랐어요.
소연 그때는 한국 생활이 참 힘들었겠어요.
수지 네, 한국말을 안 배운 데다가 음식도 입에 맞지 않아서 정말 힘들었어요.
소연 한국 음식이 좀 맵지요?
수지 네, 좀 맵기는 하지만 자꾸 먹으니까 이제는 잘 먹게 됐어요.
소연 음식 말고 다른 것은 힘들지 않았어요?
수지 친구가 없어서 외로웠어요. 그런데 한국말을 배우면서 친구를 많이 사귀게 됐어요.
소연 한국말은 왜 배워요?
수지 한국에서 대학교에 가기 위해서 한국어를 공부하고 있어요.
소연 대학교에 가면 무엇을 공부할 거예요?
수지 경영학을 전공할 생각이에요. 나중에 무역 회사에서 일하려고 해요.

본문 확인하기	수지는 어떻게 친구를 많이 사귀게 됐어요? 수지는 왜 한국말을 공부해요?

어휘와 표현	하나도　자꾸　외롭다 경영학　전공　무역	입에 맞다 말고 -을 생각이다

1과 한국 생활

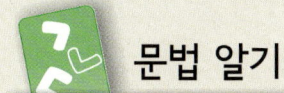 문법 알기

-는 데다가

동사	현재	-는 데다가
	과거	-(으)ㄴ 데다가
형용사		-(으)ㄴ 데다가
(명사)이다		인 데다가

비가 오는 데다가 바람도 불어요.
밥을 많이 먹은 데다가 물도 많이 마셔서 배가 불러요.
세종대왕은 한글을 만든 데다가 과학 기술도 발전시켰습니다.
제 친구는 성격이 좋은 데다가 얼굴도 예뻐서 인기가 많아요.
지하철은 빠른 데다가 편리해서 많은 사람들이 타요.
그 식당은 음식이 맛있는 데다가 가까워요.

 문법 익히기

1. <보기>와 같이 써 봅시다.

> <보기>
> 한국의 겨울 / 춥다, 눈도 많이 오다
> → 한국의 겨울은 추운 데다가 눈도 많이 와요.

(1) 수지 씨 / 예쁘다, 똑똑하다

→ _____

(2) 라면 / 맛있다, 값도 싸다

→ _____

(3) 소연 씨 / 열이 나다, 기침도 많이 하다

→ _____

(4) 민재 씨 / 운동을 잘하다, 성격도 좋다

→ _____

(5) 제주도 / 경치가 아름답다, 사람들도 친절하다

→ _____

1과 | 한국 생활 13

2. <보기>와 같이 대화를 완성해 봅시다.

> <보기>
> 가: 교실이 왜 이렇게 더워요?
> 나: 사람들이 많은 데다가 에어컨도 고장났어요.

(1) 가: 한국어 선생님이 친절하지요?
　　나: _____

(2) 가: 저 가방이 예쁘지요?
　　나: _____

(3) 가: 명동에는 왜 외국 사람이 많아요?
　　나: _____

(4) 가: 오늘 아침에 왜 늦었어요?
　　나: _____

(5) 가: 그 가수는 왜 인기가 많아요?
　　나: _____

3. <보기>와 같이 친구들의 좋은 점 두 가지를 말해 봅시다.

> <보기>
> 소연 씨는 키가 큰 데다가 날씬해요.
> 왕강 씨는 노래를 잘하는 데다가 춤도 잘 춰요.

_____

_____

1과 한국 생활

문법 알기

-기는 하지만

동사/형용사	현재	-기는 하지만
	과거	-기는 했지만
(명사)이다		(이)기는 하지만

구두를 신기는 하지만 운동화를 더 좋아해요.
커피를 마시기는 하지만 좋아하지 않아요.
날씨가 좋기는 하지만 바람이 불어서 추워요.
방이 깨끗하기는 하지만 크지 않아요.
한국 사람이기는 하지만 매운 음식을 잘 못 먹어요.
밥을 먹기는 했지만 아직 배가 고파요.
휴대폰이 예쁘기는 했지만 비싸서 못 샀어요.

문법 익히기

1. <보기>와 같이 써 봅시다.

<보기>
한국어는 어렵다 / 재미있다
→ 한국어는 어렵기는 하지만 재미있어요.

(1) 피곤하다 / 오늘까지 이 일을 해야 하다
→ _____

(2) 사랑하다 / 결혼할 수 없다
→ _____

(3) 아이스크림이 맛있다 / 건강에 안 좋다
→ _____

(4) 한국 노래를 알다 / 부르지 못하다
→ _____

(5) 얼굴이 예쁘다 / 성격이 안 좋다
→ _____

2. <보기>와 같이 대화를 완성해 봅시다.

> <보기>
> 가: 여기에 학교로 가는 버스가 있어요?
> 나: <u>버스가 있기는 하지만</u> 자주 오지 않아요.

(1) 가: 김치가 안 매워요?
　　나: _____ 맛있어요.

(2) 가: 휴대폰으로 영화를 볼 수 있어요?
　　나: 네, _____ 화면이 작아서 불편해요.

(3) 가: 약을 먹을 때 주스를 마셔도 돼요?
　　나: _____ 물을 마시는 게 더 좋아요.

(4) 가: 가방이 작은 것 같아요.
　　나: 작기는 하지만 _____

(5) 가: 이 책은 그림이 많아서 좋아요.
　　나: 그림이 많기는 하지만 _____

(6) 가: 텔레비전을 자주 봐요?
　　나: 보기는 하지만 _____

(7) 가: 해외여행을 많이 해 봤어요?
　　나: 해외여행을 해 본 적이 있기는 하지만 _____

1과 한국 생활

3. 어떻게 생각하는지 말해 봅시다.

산으로 갈까? 바다로 갈까?

가: 저는 산으로 가고 싶어요. 바다는 시원하기는 하지만 너무 멀어요.

나: 저는 바다로 가고 싶어요. 산은 아름답기는 하지만 등산하기가 힘들어요.

(1) 시장에 갈까?
　　마트에 갈까?

가: _____

나: _____

(2) 중고품을 살까?
　　신제품을 살까?

가: _____

나: _____

(3) 결혼을 하는 게 좋을까?
　　안 하는 게 좋을까?

가: _____

나: _____

 문법 알기

-게 되다

동사	현재	-게 돼요
	과거	-게 됐어요
	미래	-게 될 거예요

예전에는 매운 음식을 못 먹었는데 지금은 잘 먹게 됐어요.
얼마 전까지 아침마다 늦잠을 잤는데 지금은 일찍 일어나게 됐어요.
한국 사람들을 자주 만나면 한국 문화를 많이 알게 돼요.
매일 말하기 연습을 하면 한국어를 훨씬 잘하게 될 거예요.

 문법 익히기

1. <보기>와 같이 문장을 완성해 봅시다.

<보기>
예전에는 담배를 피웠는데 건강이 나빠져서 담배를 끊게 됐어요.

(1) 아침마다 운동을 했는데 다리를 다쳐서 지금은 _____

(2) 자주 지각을 했는데 학교 근처로 이사를 하면서 _____

(3) 예전에는 늦게 일어났는데 취직을 하면서 _____

(4) 회사 일 때문에 스트레스를 많이 받아서 _____

(5) 한국어를 공부하면서 _____

1과 | 한국 생활

2. 여러분은 한국에 와서 달라진 점이 있습니까? 아래 표를 완성하고 말해 봅시다.

한국에 처음 왔을 때	지금
• 김치를 못 먹었다. • • • • • •	• 김치를 먹는다. • • • • • •

• 한국에 처음 왔을 때는 김치를 못 먹었는데 지금은 김치를 먹게 됐어요.

• _____

• _____

• _____

• _____

• _____

• _____

3. 아래 표를 완성하고 <보기>와 같이 말해 봅시다.

<보기>

소연: 수지 씨, 무슨 고민이 있어요?
수지: 네. 아직 한국말을 잘 못해서 고민이에요. 한국말을 잘하고 싶어요.
소연: 한국 친구들하고 자주 이야기해 보세요. 그러면 한국말을 잘하게 될 거예요.

고민	희망	조언
<보기> 한국말을 잘 못한다.	한국말을 잘하고 싶다.	한국 친구들과 자주 이야기한다.
한국 문화를 잘 모른다.	한국 문화에 대해서 많이 알고 싶다.	한국 사람들을 자주 만난다.
한국어 발음이 안 좋다.	한국어 발음을 정확하게 하고 싶다	

1과 한국 생활

문법 알기

-기 위해서

| 동사 | -기 위해서 |

한국 역사를 알기 위해서 책을 읽어요.
저는 가수가 되기 위해서 매일 노래 연습을 해요.
건강해지기 위해서 매일 채소도 먹고 운동도 해요.

문법 익히기

1. <보기>와 같이 대화를 완성해 봅시다.

<보기>
가: 왜 한국말을 배워요?
나: 한국 회사에 <u>취직하기 위해서</u> 한국말을 배워요. (취직하다)

(1) 가: 왜 저축을 해요?
　　나: 집을 _____ 저축을 해요. (사다)

(2) 가: 왜 매일 조깅을 해요?
　　나: 살을 _____ 매일 조깅을 해요. (빼다)

(3) 가: 왜 선글라스를 써요?
　　나: 눈을 _____ 선글라스를 써요. (보호하다)

(4) 가: 왜 이렇게 열심히 공부해요?
　　나: 장학금을 _____ 열심히 공부해요. (받다)

2. <보기>와 같이 말해 봅시다.

새로운 친구를 사귀기 위해서 어떻게 해요?

- 저는 친구를 사귀기 위해서 재즈 동호회에 가입했어요.
- 저는 친구를 많이 사귀기 위해서 매주 한국어교실에 가요.
- 저는 다른 나라 사람들과 친구가 되기 위해서 인터넷 채팅을 해요.

(1) 취직하기 위해서 무엇을 준비해요?

(2) 건강을 지키기 위해서 무엇을 해요?

(3) 환경을 보호하기 위해서 무엇을 할 수 있어요?

3. 회사에 들어가려고 면접을 보고 있습니다. 면접관과 지원자가 되어서 말해 봅시다.

▶ 생각해 보기

면접관이 어떤 질문을 할 것 같습니까? 면접관의 질문에 어떻게 대답하면 좋을까요? 아래에 써 보세요.

면접관이 할 질문	지원자가 할 대답

▶ 말해 보기

<보기>

가: 왜 우리 회사에 지원했습니까?
나: 제 전공과 맞는 데다가 다른 나라에 가서 일할 수 있어서 지원했습니다.
가: 잘할 수 있는 일은 무엇입니까?
나: 저는 한국어가 유창한 데다가 컴퓨터 프로그램을 잘 사용할 수 있습니다.
가: 한국어를 잘하기 위해서 어떤 노력을 했습니까?
나: 매일 한국 친구와 채팅을 하고 드라마를 보면서 공부해서 한국어를 잘하게 됐습니다.
가: 자신의 장점과 단점을 말해 보세요.
나: 일을 빨리 하기는 하지만 가끔 실수를 합니다. 그래서 고치려고 노력하고 있습니다.

 듣기

1. 들은 내용과 같은 것을 고르십시오.

   ① 두 사람은 김치를 잘 먹는다.
   ② 두 사람은 한국 음식을 좋아한다.
   ③ 남자는 김치찌개를 먹고 싶어 한다.
   ④ 여자는 처음에 김치를 잘 못 먹었지만 지금은 잘 먹는다.

2. 여자가 마지막에 할 말로 알맞은 것을 고르십시오.

   ① 재미있어요.
   ② 좋아하지 않아요.
   ③ 한번 먹어 보세요.
   ④ 고향 음식을 자주 먹어요.

 말하기

한국 문화와 여러분 나라의 문화를 비교하여 말해 봅시다.

① 여러분 나라의 문화와 가장 다르다고 생각하는 한국 문화는 무엇입니까?
② 다른 점을 간단하게 메모해 보세요.
③ 어떻게 다른지 말해 보세요.

1과 한국 생활

 **읽고 쓰기**

1 다음 글을 읽고 답해 봅시다.

한국에 처음 왔을 때는 한국어를 배우지 않았다. 하지만 한국 생활을 재미있게 하고 한국 친구를 사귀기 위해서 한국어를 공부하기 시작했다. 요즘 매일 저녁 1시간씩 한국어를 공부한다. 한국어를 잘하기 위해서 한국 드라마도 자주 보고 뉴스도 듣는다. 그리고 한 달 전에는 태권도를 배우기 위해서 태권도 동아리에도 가입했다. 매주 토요일 아침에 태권도 동아리에 간다. 태권도를 열심히 하니까 건강해진 데다가 친구도 많이 사귀게 됐다. 주말이 조금 바빠지기는 했지만 태권도 배우기를 잘한 것 같다.

(1) 이 사람은 한국어를 잘하기 위해 무엇을 하고 있습니까?

_____

(2) 태권도를 배우면서 좋아진 점은 무엇입니까?

_____

2 여러분은 새로운 것에 적응하기 위해 노력해 본 적이 있습니까? 새로운 것(학교, 도시, 직장, 국가 등)에 적응하기 위해서 무엇을 했는지, 어떤 점이 달라졌는지 생각해 보고 글을 써 봅시다.

날개 달기

한국어를 공부하는 외국인 학생들은 한국 생활을 어떻게 생각하고 있을까요? 설문지를 만들어 조사해 봅시다.

1. 2~3명씩 모둠을 만드세요. 한국어를 공부하는 학생들에게 '한국 생활'과 관련해서 묻고 싶은 것을 함께 생각해 봅니다.

2. 이야기한 내용을 정리해서 설문지를 만들어 봅니다.

<설문지>

1. 한국 생활에 만족합니까? 그 이유는 무엇입니까?
   ☐ 네   ☐ 아니오
   이유: _____

2. 한국 문화 중에서 가장 재미있는 것은 무엇입니까?
   _____

3. 여러분 나라의 문화와 가장 다른 한국 문화는 무엇입니까?
   _____

3. 다른 모둠과 설문지를 교환하세요. 받은 설문지를 작성해서 설문지를 만든 모둠에게 돌려주세요. 설문지의 내용을 정리해서 발표합니다.

우리 반 학생들 중에 한국 생활에 만족하는 사람은 …….

1과 한국 생활

표현 넓히기

'정'과 관련된 다양한 표현입니다. 표현을 익혀 말해 봅시다.

① (한테/에게, 에) 정을 붙이다

고양이를 기르면서 처음으로 동물한테 정을 붙이기 시작했다.
고향이 아닌 곳이라서 낯설지만 이곳에 정을 붙이고 살아야 한다.

② (한테/에게, 에) 정이 들다

그 사람을 자주 만나면서 그 사람에게 정이 들었어요.
이 도시에 정이 들어서 떠나기가 싫어요.

③ (하고/와/과) 정을 나누다

이웃하고 정을 나누면서 살면 행복해집니다.
현대사회에서는 이웃과 정을 나누는 일이 쉽지 않다.

④ (한테서/에게서) 정이 떨어지다

화를 잘 내는 성격 때문에 그 사람한테서 정이 떨어졌어요.
남자 친구하고 싸우면서 정이 떨어졌어요.

⑤ (한테서/에게서) 정을 떼다

헤어진 그 사람한테서 정을 떼려고 하니까 마음이 아프다.
그 사람이 정을 떼려고 차갑게 행동하는 게 아닐까요?

2과 건강

학습목표 자신이 보거나 들은 이야기를 다른 사람에게 말할 수 있다.

학습문법
-는다고 하다   -냐고 하다

준비하기
들은 말을 다른 사람에게 전할 때 어떻게 말합니까?
본 것을 친구에게 이야기할 때 어떻게 말합니까?

표현 알기

환자가 가야 할 곳을 찾아봅시다.

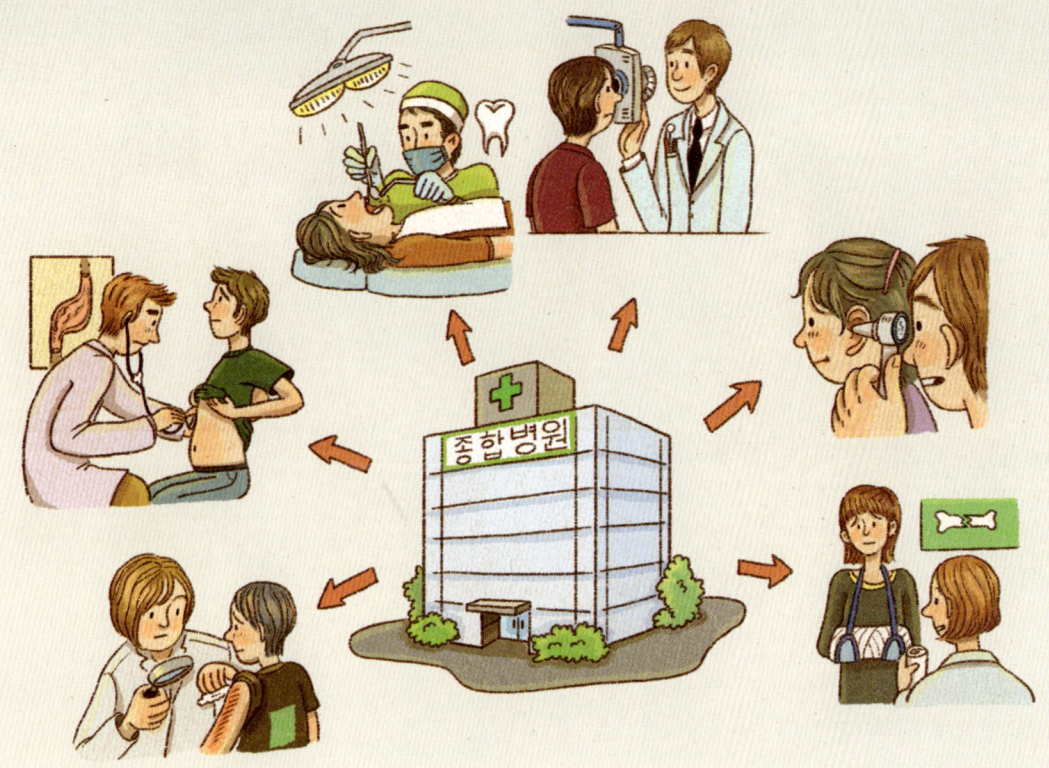

내과   안과   이비인후과   정형외과   치과   피부과

(1)
충치가 생기다
사랑니가 나다
잇몸이 붓다

(2)
여드름이 나다
피부가 가렵다

(3)
뼈가 부러지다
발목을 삐다
다리에 깁스를 하다

(4)
눈병에 걸리다
눈이 충혈되다

(5)
감기에 걸리다
소화가 안 되다
배탈이 나다

(6)
목이 아프고 붓다
귀에 염증이 생기다

빨리 나았으면 좋겠다고 했어요

왕강 오늘 소연 씨가 학교에 안 왔는데 무슨 일이 있어요?
수지 아침에 소연 씨한테 전화가 왔는데 소연 씨가 몸이 아파서 병원에 있다고 했어요.
왕강 네? 어디가 아프다고 해요?
수지 배가 아프고 열도 많이 나서 새벽에 응급실에 갔다고 해요.
왕강 아, 그래요. 시험 때문에 소연 씨가 신경을 많이 쓴 것 같아요.
수지 소연 씨가 신경을 많이 쓰면 배탈이 난다고 했어요. 오늘 수업이 끝난 후에 병원에 가 보려고 하는데 왕강 씨도 같이 갈래요?
왕강 저도 그러고 싶은데 오후에 공항에 가야 해서 어려울 것 같아요. 소연 씨가 빨리 나았으면 좋겠네요.

(병원에서)
수지 소연 씨가 수업에 왜 안 왔냐고 왕강 씨가 물었어요. 그래서 병원에 있다고 하니까 소연 씨가 빨리 나았으면 좋겠다고 했어요.

본문 확인하기	소연은 왜 응급실에 갔어요? 왕강은 왜 수지와 함께 병원에 가지 않았어요?
어휘와 표현	새벽　　응급실　　낫다　　　신경을 쓰다 　　　　　　　　　　　　　　그러고 싶은데

문법 알기

간접화법(1) 평서문

1. 간접화법 평서문 - 현재

	동사	형용사	(명사)이다
현재	-(느)ㄴ다고 하다	-다고 하다	(이)라고 하다

가: 수지 씨하고 통화했어요? 지금 오고 있다고 해요?
나: 길이 막혀서 조금 늦는다고 해요.

가: 대니 씨는 요즘 어떻게 지낸다고 해요?
나: 취직을 해서 바쁘다고 해요.

가: 그 식당 이름이 뭐라고 했어요?
나: '서울식당'이라고 했어요.

2. 간접화법 평서문 - 과거

	동사	형용사	(명사)이다
과거	-았/었/였다고 하다		이었/였다고 하다

가: 수지 씨가 어제 왜 안 왔어요?
나: 아파서 집에서 쉬었다고 해요.

가: 대니 씨가 어제 왜 결석했다고 했어요?
나: 어제 아팠다고 했어요.

가: 예전에 그분 직업이 뭐였다고 했지요?
나: 선생님이었다고 해요.

3. 간접화법 평서문 - 미래

	동사	형용사 (추측)	(명사)이다 (추측)
미래	-(으)ㄹ 거라고 하다		일 거라고 하다

가: 수지 씨가 내일 올 거라고 해요?
나: 아니요. 내일 중요한 약속이 있어서 못 올 거라고 해요.

가: 마리엔 씨하고 주말에 만나기로 했어요?
나: 아니요, 못 만나요. 마리엔 씨가 주말에 바쁠 거라고 했어요.

가: 왕강 씨하고 통화했어요?
나: 아니요. 9시까지 수업 중일 거라고 해서 전화 안 했어요.

❗ '저는'은 '자기는'으로 바뀌지만 안 써도 됩니다.

　　수지: "저는 아침을 안 먹어요."
　　→ 수지 씨가 (자기는) 아침을 안 먹는다고 했어요.

❗ 말한 사람이 윗사람일 때는 '자기'라는 말을 쓰지 않습니다.

　　아버지: "나는 오늘 좀 늦을 거야."
　　→ 아버지께서는 오늘 좀 늦을 거라고 하셨어요.

문법 익히기

2과 건강

1. `<보기>`와 같이 문장을 바꿔 써 봅시다.

<보기>

저는 매일 회사에 지하철을 타고 와요. 지하철에서는 주로 책을 읽어요.

은주 씨는 매일 회사에 지하철을 타고 온다고 해요. 지하철에서는 주로 책을 읽는다고 해요.

(1)

저는 회사원이에요. 한국 회사에 다녀요. 회사 생활이 정말 재미있어요.

마리엔 씨는 _____

한국 회사에 _____

회사 생활이 정말 _____

(2)

저는 작년부터 한국어를 공부했어요. 다음 달에 한국어능력시험을 볼 거예요.

왕강 씨는 작년부터 한국어를 _____
_____

다음 달에 한국어능력시험을 _____

(3)

저는 여행을 좋아해요. 지난여름에는 혼자서 유럽 여행을 다녀왔어요. 내년에는 호주로 여행 갈 거예요.

민재 씨는 여행을 _____

지난여름에는 혼자서 유럽 여행을 _____
_____

내년에는 호주로 _____

2. 간접화법을 이용해 대화를 완성해 봅시다.

왕강: 수지 씨, 뭐 먹으러 갈까요?

수지: 저는 점심을 안 먹으려고요. 감기에 걸려서 입맛이 없어요.

왕강: 많이 아파요? 약은 먹었어요?

수지: 조금 이따가 먹을 거예요.

왕강: 밥도 안 먹고 감기약을 먹으면 _____. (안 좋다) 그러지 말고 죽을 먹으러 가요. 죽이 소화가 _____. (잘 되다) 그래서 한국 사람들은 몸이 안 좋을 때 죽을 _____. (먹다)

수지: 그래요? 그럼 죽을 먹어야겠어요.

마리엔: 이번 주말에 어디에 갈까요?

정훈: 북한산이 어때요? 북한산 둘레길이 걷기가 _____. (좋다) 경치가 정말 _____. (아름답다)

마리엔: 산요? 저는 등산은 힘들어서 싫어요.

정훈: 등산로가 _____. (여러 곳이다) 편하게 걸을 수 있는 길도 _____. (많다)

마리엔: 정말요? 그러면 북한산에 한번 가 봐도 괜찮겠네요.

정훈: 네. 제가 힘들지 않은 길을 알아볼게요.

2과 건강

3. 친구들에게 질문하고 대답을 발표해 봅시다.

질문	대답
멕시코에서는 어떤 음식이 유명해요?	타코가 유명해요.
_____에서는 새해에 어떤 음식을 먹어요?	
_____에서 선물을 하면 안 되는 것이 있어요?	

▶ **발표하기**

멕시코에서는 타코가 유명하다고 해요.

 문법 알기

간접화법(2) 의문문

1. 간접화법 의문문 - 현재

	동사	형용사	(명사)이다
현재	-냐고 하다		(이)냐고 하다

가: 대니 씨가 뭐라고 해요?
나: 저도 오늘 저녁 파티에 가냐고 해요.

가: 수지 씨가 뭐라고 했어요?
나: 그 사람을 만난 적이 있냐고 했어요.

가: 민재 씨가 뭐라고 했어요?
나: 오늘도 바쁘냐고 했어요.

가: 저 사람이 뭐라고 해요?
나: 마리엔 씨가 어느 나라 사람이냐고 해요.

2. 간접화법 의문문 - 과거

	동사	형용사	(명사)이다
과거	-았/었/였냐고 하다		이었/였냐고 하다

가: 선생님이 뭐라고 하셨어요?
나: 왕강 씨가 어디 갔냐고 하셨어요.

가: 민재 씨가 뭐라고 했어요?
나: 지난주에 바빴냐고 했어요.

가: 대니 씨가 뭐라고 해요?
나: 아까 통화한 사람이 누구였냐고 해요.

3. 간접화법 의문문 - 미래

	동사	형용사	(명사)이다
미래	-(으)ㄹ 거냐고 하다	–	–

가: 수지 씨가 왜 전화했어요?
나: 같이 밥을 먹을 거냐고 했어요.

가: 대니 씨가 뭐라고 했어요?
나: 주말에 뭐 할 거냐고 했어요.

> ❗ '-냐고'는 '-느냐고'와 '-으냐고'로 말할 때도 있습니다.
>
> | | 동사 | 형용사 |
> |---|---|---|
> | 현재 | -느냐고 하다 | -(으)냐고 하다 |
> | 과거 | -았/었/였느냐고 하다 ||
> | 미래 | -(으)ㄹ 거냐고 하다 | - |
>
> 수지가 "뭐 읽어요?"라고 했어요. → 수지가 뭐 읽느냐고 했어요.
> → 수지가 뭐 읽냐고 했어요.
>
> 수지가 "뭐 먹었어요?"라고 했어요. → 수지가 뭐 먹었느냐고 했어요.
> → 수지가 뭐 먹었냐고 했어요.
>
> 수지가 "뭘 먹을 거예요?"라고 했어요. → 수지가 뭘 먹을 거냐고 했어요.
>
> 수지가 "새 집이 좋아요?"라고 했어요. → 수지가 새 집이 좋으냐고 했어요.
> → 수지가 새 집이 좋냐고 했어요.

문법 익히기

1. <보기>와 같이 대화를 완성해 봅시다.

<보기>
가: 저 할머니께서 무슨 말씀을 하셨어요?
나: 버스 요금이 얼마냐고 물으셨어요. (얼마다)

(1) 가: 왕강 씨가 수지한테 뭘 물었어요?
   나: 방학이 _____ 물었어요. (언제까지다)

(2) 가: 아까 선생님이 수지 씨에게 무슨 말씀을 하셨어요?
   나: 수업 끝나고 교실에서 나올 때 창문을 _____ 하셨어요. (닫다)

(3) 가: 아까 누구랑 통화했어요?
   나: 언니랑 통화했는데 저에게 먹고 싶은 거 _____ 했어요. (없다)

(4) 가: 부모님께서 뭐라고 하셨어요?
   나: 매일 이렇게 _____ 물으시면서 걱정하셨어요. (바쁘다)

(5) 가: 그 남자가 뭐라고 했어요?
   나: 처음 만난 자리에서 저한테 _____ 물었어요. (몇 살이다)

(6) 가: 좀 전에 선배가 뭐라고 했어요?
   나: 저한테 지금 어디에 _____ 했어요. (살다)

2. <보기>와 같이 문장을 바꿔 써 봅시다.

> <보기>
> 한나: "요즘 다이어트하세요?"
> → 한나가 요즘 다이어트를 하냐고 물었어요.

(1) 친구: "무슨 책을 읽어요?"
→ _____

(2) 후배: "주말에 영화 볼 거예요?"
→ _____

(3) 친구: "언제부터 태권도를 배웠어요?"
→ _____

(4) 동료: "요즘 스트레스 받는 일이 있어요?"
→ _____

(5) 환자: "의사 선생님, 꼭 깁스를 해야 해요?"
→ _____

(6) 선생님: "여러분, 이번 시험이 어려웠어요?"
→ _____

(7) 동료: "저 신입 사원 이름이 뭐예요?"
→ _____

(8) 친구: "빌린 책을 다음 주에 돌려줘도 괜찮아요?"
→ _____

3. 여러분은 유명한 사람 중에 만나고 싶은 사람이 있습니까? 만나면 그 사람에게 무엇을 물어보고 싶습니까? <보기>와 같이 질문을 써 보고 그 내용을 발표해 봅시다.

만나고 싶은 사람: 가수 ○○○

물어보고 싶은 질문:

1. 왜 가수가 됐어요?
2. 자신의 노래 중에 어떤 노래를 가장 좋아해요?
3. 가장 기억에 남는 팬은 어떤 사람이에요?
4. 어렸을 때 꿈이 뭐였어요?
5. 가수가 되기 위해서 어떻게 했어요?

저는 가수 ○○○ 씨를 만나고 싶어요. 만나서 왜 가수가 됐냐고 물어보고 싶어요. 그리고 자신의 노래 중에 어떤 노래를 가장 좋아하냐고 물어볼 거예요.

만나고 싶은 사람:

물어보고 싶은 질문:

1.
2.
3.
4.
5.

4. 친구에게 들은 이야기를 다른 친구에게 전달해 봅시다.

(1) 다음 대화를 읽고 전달해야 할 내용을 생각해 봅시다.

왕강: 소연 씨, 몸은 괜찮아요? 소연 씨가 입원했다고 해서 걱정했어요.
소연: 네, 많이 나았어요. 걱정해 줘서 고마워요.
왕강: 아니에요. 병원에 못 가 봐서 미안해요.
소연: 괜찮아요. 왕강 씨는 그동안 어떻게 지냈어요?
왕강: 저는 고향에서 친구가 와서 여행을 갔다 왔어요.
소연: 그래요? 어디에 갔다 왔어요?
왕강: 친구가 춘천에 가 보고 싶어 해서 거기에 갔다 왔어요.
소연: 춘천은 닭갈비가 유명한데 혹시 닭갈비를 먹어 봤어요?
왕강: 아니요, 못 먹어 봤어요. 닭갈비를 먹으러 다시 춘천에 가야겠네요.

(2) 전달할 내용을 말해 봅시다.

민재 씨, 오늘 왕강 씨를 만났어요.

 듣기

1 들은 내용과 같은 것을 고르십시오.

① 미영은 그동안 여행을 했습니다.
② 여자와 남자는 직장 동료입니다.
③ 여자는 남자를 만난 지가 오래됐습니다.
④ 여자는 어제 미영 씨와 약속이 있었습니다.

2 남자가 다음에 할 말로 알맞은 것은 무엇입니까?

① 이제 자주 만날 수 있어요?
② 그럴까요? 언제가 좋아요?
③ 미영 씨가 잘 지내는 것 같아요.
④ 미영 씨를 또 만났으면 좋겠어요.

 말하기

<보기>와 같이 건강에 대해서 들은 것을 말해 봅시다.

> <보기>
>
> · 매일 운동하는 것은 별로 좋지 않다고 해요. 일주일에 서너 번 정도 운동하는 것이 더 좋다고 해요.
> · 매운 음식이 다이어트에 좋다고 해요. 그래서 어떤 나라에서는 고춧가루 다이어트가 유행했다고 해요.
> · 사과를 저녁에 먹는 것은 몸에 별로 좋지 않다고 해요. 아침에 먹어야 좋다고 해요.

2과 건강

 읽고 쓰기

1 다음 글을 읽고 답해 봅시다.

> 감기에 걸렸을 때는 따뜻한 물과 비타민 C를 충분히 섭취하는 것이 좋다고 합니다. 한국에서는 감기에 걸렸을 때 유자차를 많이 마십니다. 유자에 비타민 C가 많이 들어 있기 때문입니다. 유자에는 레몬보다 세 배나 많은 비타민 C가 들어 있다고 합니다. 기침이 심할 때는 모과차도 좋습니다. 생강은 몸을 따뜻하게 만들어 주기 때문에 생강차를 마시는 것도 좋습니다. 감기를 예방하는 데도 도움이 되기 때문에 한국에서는 겨울에 따뜻한 유자차, 모과차, 생강차를 즐겨 마십니다. 특히 유자와 모과는 향기도 좋기 때문에 겨울철에 인기가 많습니다. 생강은 매운맛이 조금 강하지만 건강에 좋습니다.

(1) 감기에 걸렸을 때는 어떻게 하는 것이 좋습니까?

_____

(2) 감기에 걸렸을 때 생강을 먹으면 어떤 점이 좋습니까?

_____

2 감기에 걸렸을 때 여러분의 나라에서는 어떤 음식을 먹습니까? 감기에 걸렸을 때 먹으면 좋은 음식을 소개해 주세요.

 날개 달기

여러분은 라디오 방송국에 엽서나 메일을 보낸 적이 있습니까? <보기>와 같이 엽서를 쓰고 그 내용을 발표해 봅시다.

<보기>

안녕하세요? 저는 한국고등학교 2학년 학생 한나예요. 내일은 저희 어머니 49번째 생신이세요. 그래서 어머니가 좋아하시는 음악을 신청합니다. 어머니하고 같이 듣고 싶어요.

한나 씨는 한국고등학교 2학년 학생이라고 합니다. 내일은 한나 씨 어머니의 49번째 생신이라고 합니다. 그래서 한나 씨는 어머니가 좋아하시는 음악을 신청한다고 합니다. 어머니하고 같이 듣고 싶다고 하네요.

그럼 한나 씨가 신청한 음악을 한번 들어 보겠습니다.

표현 넓히기

'아픔'과 관련된 다양한 표현입니다. 표현을 익혀 말해 봅시다.

① (이/가) 시리다

물이 너무 차가워서 이가 시리네요.
날씨가 너무 추워서 손이 시려요.

② (이/가) 쓰리다

세수를 하면서 비눗물이 들어가서 눈이 쓰려요.
밥을 안 먹고 술을 마시면 다음 날 속이 많이 쓰려요.

③ (이/가) 저리다

다리가 저려서 더 이상 앉아 있을 수 없어요.
돌아가신 부모님이 보고 싶어서 가슴이 저립니다.

④ (에) 물집이 생기다

새 구두를 신어서 발뒤꿈치에 물집이 생겼어요.
하루 종일 걸어서 발에 물집이 생겼어요.

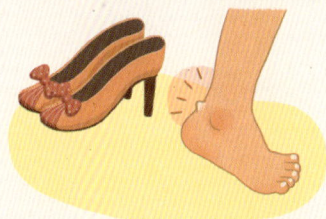

⑤ (이/가) 화끈거리다

매운 음식을 먹어서 입 안이 화끈거려요.
햇볕에 타서 얼굴이 화끈거려요.

3과 직장 생활

학습목표 다른 사람에게 제안하거나 조언할 수 있다.

학습문법
- -는 게 어때요?
- -는 게 좋겠어요
- -거든요
- -도록 하다

준비하기
여러분은 고민이 있을 때 누구에게 이야기합니까?
친구가 여러분에게 고민을 말할 때 어떤 말을 해 줍니까?

표현 알기

직장 생활과 관련된 표현입니다. 빈칸에 알맞은 표현을 넣어 봅시다.

입사하다

(1) _____ (2) _____

(3)  _____ (4)  _____ (5) _____

(6)  _____ (7)  _____ (8) _____

승진하다  (9) _____

승진하다	보고하다	출근하다	휴가를 내다
회식하다	회의하다	퇴근하다	출장을 가다
월급을 받다	퇴사하다/퇴직하다		

오늘 회의는 여기서 마치도록 합시다

(회의실에서)

과장: 정훈 씨, 다음 주 월요일에 중국에서 손님이 오는데 공항에 마중 나갈 수 있지요?

정훈: 아! 저는 그날 출장을 갑니다. 은주 씨를 보내시는 게 어떠세요? 은주 씨도 중국어를 잘하거든요.

과장: 그래요? 그럼, 은주 씨가 다녀오세요. 중요한 손님이니까 실수하지 않도록 하세요.

은주: 네, 알겠습니다.

과장: 그럼, 은주 씨가 가는 걸로 하고 오늘 회의는 여기서 마치도록 합시다.

(휴게실에서)

은주: 정훈 씨, 손님하고 식사할 때 한정식집이 좋을까요, 중국 식당이 좋을까요?

정훈: 한국에 온 손님이니까 한국 음식을 먹는 게 어때요?

은주: 그게 좋겠네요.

본문 확인하기
정훈은 왜 공항에 갈 수 없어요?
정훈은 왜 은주를 추천했어요?

어휘와 표현
회의실	손님	마중(을) 나가다
실수하다	마치다	-는 걸로/것으로 하고
휴게실	한정식집	

3과 직장 생활

문법 알기

-는 게 어때요?

| 동사 | -는 게 어때요? |

잠이 안 오면 책을 읽는 게 어때요?
피곤해 보이는데 잠시 쉬는 게 어때요?
휴대폰은 요금이 비싸니까 인터넷 전화를 사용하는 게 어때요?
다음 주에 발표할 자료를 내일까지 만드는 게 어때요?
모르는 게 있으면 선생님께 물어보는 게 어때요?

문법 익히기

1. <보기>와 같이 대화를 완성해 봅시다.

<보기>

가: 감기에 걸려서 목이 아파요.
나: 생강차를 <u>마셔 보는 게 어때요?</u> (마셔 보다)

(1) 가: 중요한 회의가 있는데 머리가 아파요.
　　나: 두통약을 _____ (먹다)

(2) 가: 내일 일찍 출근해야 하는데 늦게 일어날 것 같아서 걱정이에요.
　　나: 알람을 여러 개 _____ (맞추다)

(3) 가: 친구 생일 선물로 무엇을 주면 좋을까요?
　　나: 친구에게 직접 _____ (물어보다)

(4) 가: 한국어를 잘하고 싶은데 어떻게 해야 해요?
　　나: 한국어로 일기를 _____ (써 보다)

2. 다른 사람의 고민을 듣고 조언을 한 적이 있습니까? 아래 표를 완성하고 말해 봅시다.

고민	조언/제안
밤에 잠이 안 와요.	• 가벼운 운동을 하는 게 어때요? • •
대학원에서 공부하고 싶은데 등록금이 비싸요.	• • •
제가 좋아하는 사람이 저를 좋아하지 않아요.	• • •
회사 생활을 잘하고 싶은데 어떻게 하면 좋을까요?	• • •
	• • •

문법 알기

-는 게 좋겠어요

동사 | -는 게 좋겠어요

날씨가 추우니까 옷을 따뜻하게 입는 게 좋겠어요.
건강을 위해서 매일 30분씩 걷는 게 좋겠어요.
회사에 늦지 않으려면 지하철을 타는 게 좋겠어요.
방에서 음식 냄새가 나요. 창문을 좀 여는 게 좋겠어요.

문법 익히기

1. <보기>와 같이 대화를 완성해 봅시다.

<보기>
가: 몇 시에 만날까요?
나: 수업이 1시에 끝나니까 2시에 <u>만나는 게 좋겠어요</u>. (만나다)

(1) 가: 운동을 하고 싶은데 뭐가 좋을까요?
    나: 요즘 날씨도 좋은데 _____ (등산하다)

(2) 가: 친구가 여러 가지 김치에 대해서 알고 싶다고 해요.
    나: 그럼, 김치 박물관에 _____ (가다)

(3) 가: 점심을 많이 먹어서 잠이 와요.
    나: 잠을 깨려면 회사 근처에 있는 공원에서 _____ (걷다)

(4) 가: 오늘 저녁에 영화를 보는 게 어때요?
    나: 피곤하니까 오늘은 _____ (쉬다)

2. 여러분은 고민이 있거나 좋은 의견이 필요할 때 어떻게 합니까? <보기>와 같이 친구와 함께 이야기해 보고 발표해 봅시다.

<보기>

회사 동료의 집들이에 갈 때 무엇을 준비하면 좋을까요?

가: 회사 동료의 집들이에 초대를 받았는데 뭘 가지고 가면 좋을까요?
나: 세제나 휴지를 사는 게 어때요? 한국에서는 집들이를 갈 때 세제나 휴지를 가지고 가요.
가: 그러면 세제를 사 가는 게 좋겠어요.

(1) 친구가 결혼을 합니다. 무엇을 선물하면 좋을까요?

(2) 친구가 병원에 입원해서 병문안을 가려고 하는데 무엇을 가져가는 게 좋을까요?

(3) 회사 동료가 아이의 돌잔치를 합니다. 무엇을 선물하는 게 좋을까요?

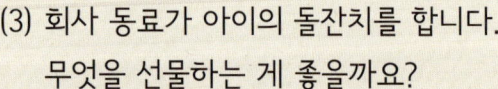

(4) 친구가 남자/여자 친구와 헤어져서 힘들어합니다. 어떻게 위로하는 게 좋을까요?

3과 직장 생활

문법 알기

-거든요

동사 형용사	현재	-거든요
	과거	-았/었/였거든요
(명사) 이다	현재	(이)거든요
	과거	이었/였거든요

가: 그 식당에 왜 자주 가세요?
나: 아주머니가 친절하시거든요.

가: 지선 씨, 오늘 좀 피곤해 보여요.
나: 어제 밤을 새웠거든요.

가: 지금 통화할 수 있어요?
나: 죄송해요. 지금 회의 중이거든요. 이따가 제가 전화 드릴게요.

문법 익히기

1. <보기>와 같이 대화를 완성해 봅시다.

> <보기>
> 가: 어디 아파요?
> 나: 어제 회식이 있어서 술을 좀 많이 마셨거든요. (마시다)

(1) 가: 아직도 퇴근을 안 했어요?
   나: 내일 중요한 회의가 _____ (있다)

(2) 가: 오늘 무슨 좋은 일이 있어요? 기분이 좋아 보여요.
   나: 시험을 _____ (잘 보다)

(3) 가: 같이 저녁 먹으러 갑시다.
   나: 저는 안 될 것 같아요. 친구를 _____ (만나기로 하다)

(4) 가: 대니 씨랑 친한 것 같아요.
   나: 대니 씨와 저는 _____ (고향 친구이다)

2. <보기>와 같이 대화를 완성해 봅시다.

<보기>
가: 이번 휴가 때 어디로 가는 게 좋을까요?
나: 제주도에 가 보는 게 어때요?
   경치가 정말 아름답거든요.

(1) 가: 한나 씨 생일 선물로 뭐가 좋을까요?

　　나: 제 생각에는 책이 좋을 것 같아요. _____

(2) 가: 버스하고 지하철 중에 뭘 타는 게 좋을까요?

　　나: 지하철을 타는 게 더 좋겠어요. _____

(3) 가: 옷을 사려고 하는데 어디에서 사면 좋을까요?

　　나: 동대문에 가 보는 게 좋겠어요. _____

(4) 가: 어떤 영화를 볼까요?

　　나: 무서운 영화만 아니면 다 괜찮아요. _____

(5) 가: 출출한데 야식을 먹을까요?

　　나: 저는 안 먹을래요. _____

(6) 가: 한국어능력시험을 보려고 하는데 어떤 책이 좋을까요?

　　나: 이 책으로 한번 공부해 보세요. _____

(7) 가: 이번 연휴에 부산에 가는데 같이 갈래요?

　　나: 저는 강화도에 가 보고 싶어요. _____

3과 직장 생활

3. <보기>와 같이 대화를 만들어 봅시다.

<보기>

가 친구가 집들이에 초대를 하는데 그날 출장을 가야 합니다.
나 얼마 전에 이사를 하고 집들이를 하려고 하는데 친구를 초대하고 싶습니다.

가: 이사 잘 했어요? 힘들지 않았어요?
나: 그렇게 힘들지는 않았어요. <u>친구들이 도와줬거든요</u>.
   참, 이번 주 금요일에 집들이를 하니까 꼭 오세요.
가: 어떡하지요? 집들이에 못 갈 것 같아요. <u>그날 출장을 가거든요</u>. 미안해요.
나: 아니에요. 괜찮아요. 출장 잘 다녀오세요.

(1) 가 노트북이 갑자기 고장이 났습니다. 오늘 저녁에 급하게 해야 할 일이 있어서 친구에게 노트북을 빌리려고 합니다.
   나 오늘 밤늦게까지 노트북으로 일을 해야 합니다.

(2) 가 한국어 숙제가 너무 어렵습니다. 주말에 친구가 숙제를 도와주면 좋겠습니다.
   나 회사 일이 많아서 주말에도 출근을 해야 합니다.

(3) 가 놀이공원에 한 번도 안 가 봤기 때문에 친구와 함께 주말에 가고 싶습니다.
   나 이번 주말에 고향에서 부모님이 오십니다.

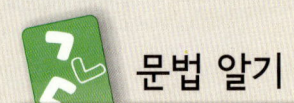 문법 알기

-도록 하다

| 동사 | -도록 하다 |

가: 회의 시간에 늦어서 죄송합니다.
나: 다음부터는 늦지 않도록 하세요.

가: 언제까지 이 일을 마무리 할 수 있습니까?
나: 다음 주 월요일까지 마무리하도록 하겠습니다.

가: 무엇을 먹으면 안 돼요?
나: 차가운 음식이나 아이스크림은 먹지 않도록 하세요.

 문법 익히기

1. <보기>와 같이 대화를 완성해 봅시다.

<보기>
가: 오후 회의를 2시에 시작합니다. 늦지 않도록 하세요. (늦지 않다)
나: 네, 2시 전까지 회의실로 가겠습니다.

(1) 가: 이 서류를 언제까지 사장님께 전달해 드려야 합니까?
    나: 내일 아침 9시까지 _____ (전달하다)

(2) 가: 다음 주 워크숍 일정을 어떻게 알릴까요?
    나: 전 직원에게 메일로 _____ (보내다)

(3) 가: 다음부터는 건물 입구에 주차하지 마세요.
    나: 죄송합니다, 다음부터는 _____ (주의하다)

2. 어울리는 말을 골라 <보기>와 같이 문장을 써 봅시다.

> 금연하다   아껴 쓰다   주차하다   자리를 양보하다   휴대전화를 끄다

<보기>

건물 안에서는 금연하도록 합시다.

(1)    노약자에게 _____

(2)    물을 _____

(3)    일반인은 장애인 전용 주차 구역에 _____

(4)    공연 중에 _____

3. <보기>와 같이 대화를 만들어 봅시다.

<보기>

가 부하 직원이 매일 회사에 지각을 합니다. 이유를 물어보고 조언을 해 주세요.
나 집이 멀어서 회사에 자주 지각을 합니다.

가: 오늘도 지각을 했어요? 좀 일찍 출근하도록 하세요.
나: 죄송합니다. 회사에서 집까지 너무 멀어서요.
가: 그럼 회사에서 가까운 곳으로 이사를 하도록 하세요.
나: 네, 생각해 보겠습니다.

(1) 가 부하 직원에게 회의 준비를 다 했는지 물어봅니다. 회의 시간 전에 회의 준비를 다 끝낼 것을 지시합니다.

　　나 회의 준비를 아직 끝내지 못하고 있습니다.

(2) 가 부하 직원이 업무 시간에 일을 하지 않고 인터넷 쇼핑과 채팅을 합니다. 업무 시간에 다른 일을 하지 말 것을 부하 직원에게 지시합니다.

　　나 업무 시간에 인터넷 쇼핑, 채팅 등 업무가 아닌 일을 자주 합니다.

(3) 가 부하 직원에게 시킨 업무를 확인하고 싶습니다. 그런데 부하 직원이 자리에 없습니다. 업무 시간에는 자리를 비우지 말 것을 부하 직원에게 지시합니다.

　　나 휴게실에서 잠깐 동료와 이야기를 하고 왔습니다.

4. 회식 장소와 시간을 정해 봅시다.

과장: 이번 회식은 언제 하는 게 좋겠어요?

▶ 회식하기 좋은 시간과 이유를 말해 봅시다.

　　다음 주 금요일에 회식을 하는 게 어때요? 이번 주에는 제가 출장을 가거든요.

▶ 회식하기 좋은 장소와 이유를 말해 봅시다.

　　회사 앞에 있는 고깃집에 가는 게 좋겠어요. 삼겹살이 맛있거든요.

▶ 회식에 대해서 이야기해 봅시다.

　　오랜만에 회식을 하니까 회식에 꼭 참석하도록 합시다.

과장: 그러면 이번 회식은 _____ 는 걸로 합시다.

 듣기

1 들은 내용과 다른 것을 고르십시오.

① 신제품 발표회는 다음 달 초에 있다.

② 신제품 발표회 장소를 바꾸기 위해서 회의를 하고 있다.

③ 호텔에서 신제품 발표회를 하기로 했다.

④ 회의 결과를 사장님께 보고할 것이다.

2 회의에서 나온 그 장소로 결정한 이유는 무엇입니까?

① 예약하기 쉬워서

② 회사에서 가까워서

③ 신제품과 어울리는 곳이어서

④ 많은 회사들이 하는 곳이어서

 말하기

다른 회사에 가서 우리 회사의 제품을 소개해야 합니다.
누가 출장을 가면 좋을지 의논해서 결정해 봅시다.

팀 장
❶ 회의를 시작합니다.
❷ 팀원들의 이야기를 듣고 출장을 갈 사람을 결정합니다.
❸ 회의를 마칩니다.

팀원들
❶ 동료를 추천하고 이유를 말합니다.
❷ 갈 수 없는 사람은 그 이유를 말하고 다른 사람을 추천합니다.

3과 직장 생활

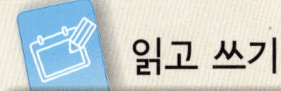 읽고 쓰기

1 다음 글을 읽고 답해 봅시다.

> 92세의 원로 기업인인 ○○○ 열린전자 회장은 신입 사원과 대화의 시간을 가졌다. ○○○ 회장은 이 자리에서 직장 생활을 하는 동안 지켜야 할 기본 원칙 일곱 가지를 알려 주었다.
>
> 첫째, 시간 약속을 잘 지켜야 한다.
> 둘째, 거짓말을 하지 말아야 한다.
> 셋째, 다른 사람에 대해 나쁜 말을 하지 말아야 한다.
> 넷째, 자기의 일을 다른 사람에게 미루면 안 된다.
> 다섯째, 욕심이 너무 많으면 좋지 않다.
> 여섯째, 회사 동료에게 돈을 빌리거나 빌려 주는 일을 하지 않는 것이 좋다.
> 그리고 마지막으로 모든 일에 최선을 다하는 것이 가장 중요하다고 말했다.

(1) 열린전자 회장은 누구에게 직장 생활의 기본 원칙 일곱 가지를 이야기했습니까?

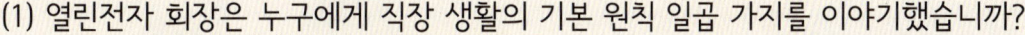

(2) 열린전자 회장이 가장 중요하다고 한 것은 무엇입니까?

_____

2 여러분은 열린전자 회장이 말한 직장 생활 일곱 가지 원칙 중에 어느 것이 가장 중요하다고 생각합니까? 그 이유가 무엇인지 써 봅시다.

날개 달기

여기는 상담실입니다. 상담사와 상담자가 되어 이야기해 봅시다.

① 아래의 고민을 읽고 조언을 생각해 봅니다.

저는 대학 졸업반 학생입니다. 이제 곧 졸업이어서 직장을 선택해야 하는데 어떡하면 좋을까요? 조건이 좋은 곳에 가야 할까요? 조건은 좋지 않지만 제가 하고 싶은 일을 할 수 있는 곳에 가야 할까요?

저는 직장에 다닌 지 1년이 되어서 일은 익숙해졌습니다. 그런데 요즘 직장 상사 때문에 고민이 생겼습니다. 직장 상사가 자꾸 개인적인 일을 부탁합니다. 처음 몇 번은 해 주었지만 이제 하기 싫습니다.
어떻게 해야 할까요?

저는 직장에 다닌 지 7년이 되었습니다. 항상 밤늦게까지 일하고 다른 사람들보다 더 열심히 일했습니다. 그것은 모두 사랑하는 가족을 위해서였습니다. 가족들은 제가 일만 좋아하고 가정에는 관심이 없다고 이야기합니다. 어떻게 해야 할까요?

② 직장인들에게 또 어떤 고민이 있을지 이야기해 봅니다.

3과 직장 생활

표현 넓히기

'인간관계'와 관련된 다양한 표현입니다. 표현을 익혀 말해 봅시다.

1. 발이 넓다

민재 씨는 정말 발이 넓어요. 민재 씨는 학교에서 모르는 사람이 없어요.
사업을 하려면 우선 발이 넓어야 한다.

2. 발 벗고 나서다

힘든 일이 있을 때 발 벗고 나서서 도와주는 사람이 진정한 친구다.
그 사람은 친구에게 안 좋은 일이 생기면 제일 먼저 발 벗고 나서는 사람이에요.

3. 배가 아프다

친구가 상을 받는 걸 보고 배가 아팠다.
다른 사람이 승진을 한 것이 배가 아파서 화를 내는 거 아니에요?

4. 손발이 맞다

팀원들이 모두 손발이 맞아야 일이 잘된다.
두 사람은 손발이 잘 맞아서 일을 빨리 끝냈다.

5. 손을 내밀다

어려운 사람에게 손을 내밀어 줄 수 있는 사람이 되고 싶어요.
수지 씨가 먼저 손을 내밀어 보세요. 좋은 친구가 될 수 있을 거예요.

4과 모임

학습목표 자신이 보거나 들은 이야기를 다른 사람에게 말할 수 있다.

학습문법
-으라고 하다   -자고 하다

준비하기
친구에게 약속을 전할 때 어떻게 말합니까?
듣거나 본 내용을 다른 사람에게 이야기할 때 어떻게 말합니까?

 ## 표현 알기

모임의 종류와 함께 사용되는 표현을 알아봅시다.

동아리
동호회
동창회
봉사 단체

환영회
송별회
신년회
송년회

모임

회원을 모집하다
인터넷 카페를 운영하다
모임 날짜/장소를 정하다
모임 날짜/장소를 공지하다

가입하다
탈퇴하다
회비를 내다
모임에 참석하다

친구가 오라고 해서 가 봤어요

은주   마리엔 씨, 제가 활동하는 동호회에 한번 와 볼래요?
마리엔   동호회요?
은주   제가 얼마 전부터 사진 찍는 것에 관심이 생겨서 지난달에 사진 동호회에 가입했거든요.
마리엔   아, 그래요? 그런데 어떻게 시작하게 됐어요?
은주   그 동호회에서 활동하고 있는 친구가 오라고 해서 가 봤어요.
마리엔   그 사진 동호회에서 사진 찍는 방법도 가르쳐 줘요?
은주   네, 물론이지요. 그리고 야외로 나가서 사진을 찍으면서 다양한 사람들과 어울릴 수 있어서 좋아요.
마리엔   도심을 벗어나 야외로 나간다는 게 좋네요.
은주   그럼요. 동호회 사람들이 이번 주말에도 허브 공원에 가자고 해서 기대돼요.
마리엔   허브 공원요? 저도 가고 싶어지네요.
은주   그럼 같이 가요.

본문 확인하기
은주는 어떻게 동호회에 가입하게 됐어요?
은주는 동호회 활동이 왜 좋다고 했어요?

어휘와 표현   활동하다   야외   어울리다   관심이 생기다
허브 공원   기대되다   도심을 벗어나다

 **문법 알기**

간접화법(3) 명령문: -으라고 하다

어머니께서 음식을 골고루 먹으라고 하셨어요.
마지막에 나갈 때는 창문을 꼭 닫으라고 했어요.
대니 씨가 이 책을 읽어 보라고 해요.
직원이 공연 중에는 휴대폰을 끄라고 했어요.
지하철이나 버스에서 음식을 먹지 말라고 해요.
에스컬레이터에서는 뛰지 말라고 해요.
아버지께서 게임을 너무 오래 하지 말라고 하셨어요.
선생님께서 수업 시간에 떠들지 말라고 하세요.

두 사람이 있을 때	세 사람이 있을 때
-아/어/여 달라고 하다	-아/어/여 주라고 하다
가: 수지 씨, 그 책 좀 주세요. 나: 뭐라고 했어요? 가: 그 책 좀 달라고 했어요. 가: 대니 씨, 공책 좀 빌려 주세요. 나: 뭐라고 했어요? 가: 공책 좀 빌려 달라고 했어요.	가: 수지 씨, 소연 씨에게 소금 좀 주세요. 나: 뭐라고 했어요? 가: 소연 씨에게 소금 좀 주라고 했어요. 가: 왕강 씨, 수지 씨에게 숙제를 좀 가르쳐 주세요. 나: 선생님, 뭐라고 하셨어요? 가: 수지 씨에게 숙제를 좀 가르쳐 주라고 했어요.

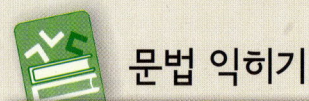

문법 익히기

1. <보기>와 같이 문장을 바꿔 써 봅시다.

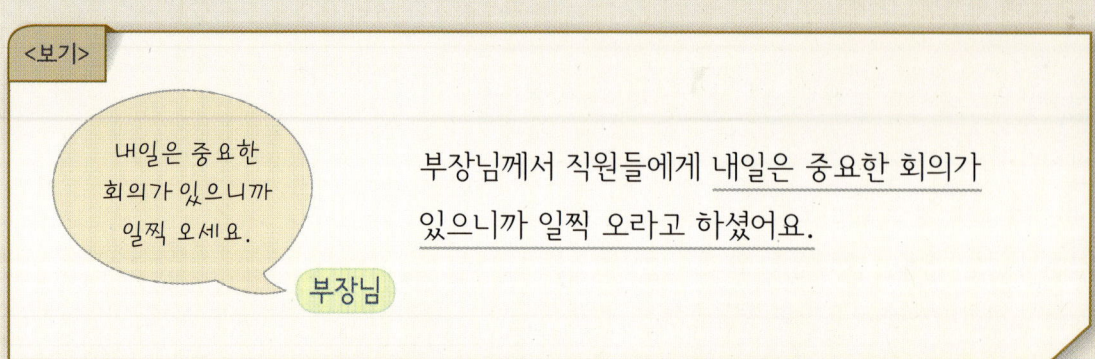

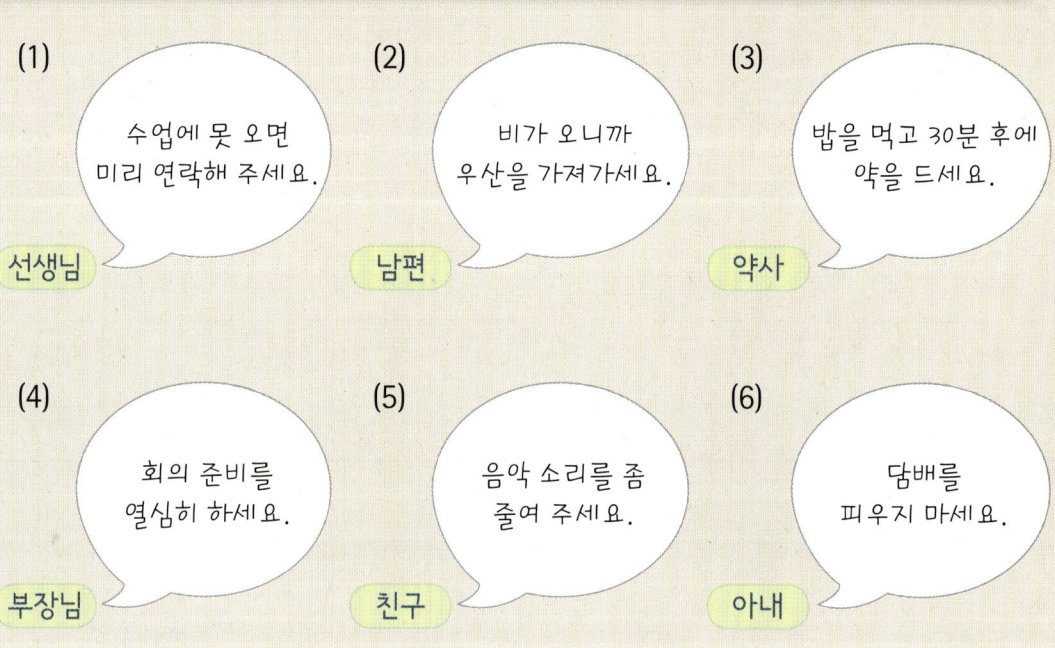

(1) 선생님께서 학생들에게 _____

(2) 남편이 아내에게 _____

(3) 약사가 환자에게 _____

(4) 부장님께서 부하 직원에게 _____

(5) 친구가 수지 씨에게 _____

(6) 아내가 남편에게 _____

2. 다음 대화를 간접화법을 사용하여 다시 이야기해 봅시다.

(병원에서)
의사: 어디가 안 좋으세요?
수지: 어젯밤부터 기침이 나고 열이 나서 잠을 못 잤어요.
의사: 어디 한번 봅시다. 아~ 해 보세요.
(잠시 후)
의사: 요즘 유행하는 감기 같은데 심하지 않으니까 약을 먹으면 괜찮아질 거예요. ① 약을 먹고 푹 쉬세요. 그리고 ② 따뜻한 물을 많이 드세요.
수지: 네, 알겠습니다. 참, 커피는 마셔도 돼요?
의사: ③ 커피나 녹차는 카페인이 있으니까 마시지 마세요. 그리고 차가운 음료수를 마시면 감기가 더 심해질 수 있으니까 마시면 안 돼요. ④ 약은 밥을 먹고 30분 후에 드세요. ⑤ 피곤하면 감기가 잘 낫지 않으니까 무리하지 마세요.
수지: 주사를 안 맞아도 돼요?
의사: 약을 먹으면 주사는 안 맞아도 돼요.
수지: 네, 알겠습니다. 감사합니다.
의사: 안녕히 가세요. ⑥ 약을 먹고 안 나으면 3일 후에 다시 오세요.

　　제가 오늘 병원에 갔는데 의사 선생님께서 감기가 심하지 않아서 약을 먹으면 괜찮아질 거라고 하시면서 ① _____.
그리고 ② _____. 제가 커피를 마셔도 되냐고 물으니까 ③ _____.
④ _____.
⑤ _____. 제가 주사를 안 맞아도 되냐고 물어봤는데 의사 선생님께서 약을 먹으면 주사는 안 맞아도 된다고 하셨어요. 의사 선생님께서는 인사를 하시면서 ⑥ _____
_____.

3. 다른 사람에게 어떤 부탁을 하는지 생각해 보고 <보기>처럼 말해 봅시다.

엄마는 아이에게, 아이는 엄마에게 어떤 부탁을 합니까?

<보기>
엄마는 아이에게 동생하고 놀아 주라고 해요.
아이는 엄마에게 장난감을 사 달라고 해요.

아내는 남편에게, 남편은 아내에게 어떤 부탁을 합니까?

4과 모임

4. 회사와 직원, 선생님과 학생 사이에는 생각의 차이가 있습니다. 어떤 것들이 있는지 이야기해 보고 <보기>와 같이 말해 봅시다.

> <보기>
> 회사에서는 더 오랫동안 일하라고 해요. 그렇지만 직원들은 일한 시간만큼 돈을 더 받아야 한다고 생각해요.

회사	직원
더 오랫동안 일하세요.	일한 시간만큼 돈을 더 받아야 한다.
월급을 작년하고 똑같이 받으세요.	월급이 너무 적다.

선생님	학생
수업 시간에 문자 메시지를 보내지 마세요.	급한 일이 있으면 문자 메시지를 보내도 된다.
수업 시간에 음식을 먹지 마세요.	배가 고파서 공부를 할 수 없다.

 문법 알기

간접화법(4) 청유문: -자고 하다

대니 씨가 저녁을 같이 먹자고 했는데 할 일이 너무 많아서 거절했어요.
제가 저녁을 사겠다고 했는데 마리엔 씨가 나누어서 내자고 했어요.
남자 친구가 내년쯤에 결혼하자고 해요.
여자 친구가 화가 나서 연락하지 말자고 했어요.

 문법 익히기

1. <보기>와 같이 대화를 완성해 봅시다.

> <보기>
> 가: 이번 주말에 정훈 씨를 만나요?
> 나: 네, 정훈 씨가 주말에 같이 <u>등산을 가자고 했어요</u>. (등산을 가다)

(1) 가: 아까 수지 씨가 왜 전화했어요?
　　나: 내일 같이 _____ (선생님을 뵈러 가다)

(2) 가: 어? 오늘 영화 보러 간다고 하지 않았어요?
　　나: 소연 씨가 많이 바빠서 _____ (오늘 가지 말다)

(3) 가: 정훈 씨가 왜 화가 났어요?
　　나: 정훈 씨가 _____ 했는데 제가
　　카메라를 안 가지고 왔어요. (같이 사진을 찍다)

(4) 가: 선생님께서 뭐라고 하셨어요?
　　나: 미카 씨가 고향에 돌아가니까 _____ (송별회를 하다)

2. 이번 주말에 어떤 약속이 있습니까? 친구하고 함께 하고 싶은 일을 생각해 보고 <보기>와 같이 써 봅시다.

<보기>

한옥마을에 가 보고 싶어요.
친구에게 한옥마을을 구경하러 가자고 말할 거예요.

(1)  도자기

(2)  해돋이

(3)  등산

(4)  번지점프

3. 다음 주 금요일이 수지 씨의 생일입니다. 수지 씨의 친구들이 모여서 생일 파티를 준비하고 있습니다. 누가 어떤 말을 했는지 이야기해 봅시다.

 영주: 깜짝 파티를 하면 더 재미있을 거예요. 수지 씨에게 비밀로 해요.

준호: 수지 씨가 꽃을 좋아하니까 수지 씨에게 꽃을 선물해요.

 한나: 케이크를 인터넷으로 주문해요. 인터넷에서 주문하면 특별한 케이크를 살 수 있어요.

미나: 친구들이 더 많이 오면 좋겠어요. 다른 친구들에게도 연락해 봐요.

 지선: 기억에 남는 날이 될 거예요. 비디오카메라로 생일 파티를 촬영하는 게 어때요?

4. 요즘 친구가 많이 우울해합니다. 다음 글을 읽고 친구에게 <보기>와 같이 말해 봅시다.

<보기>

제가 책에서 읽었는데 우울증을 극복하려면 주변의 소중한 사람들에게 사랑을 표현하라고 했어요. 사랑을 주고받는 것을 느끼는 것이 우울증을 극복할 수 있는 가장 좋은 방법이라고 했어요.

우울증을 극복하는 여러 가지 방법

<보기> 주변의 소중한 사람들에게 사랑을 표현해 보세요. 사랑을 주고받는 것을 느끼는 것이 우울증을 극복할 수 있는 가장 좋은 방법입니다.

(1) 음악을 들으면서 따뜻한 물로 목욕을 해 보세요.
따뜻한 물로 목욕을 하면 몸이 편안해지고 기분이 좋아집니다.

(2) 하루 종일 재미있는 영화나 텔레비전을 보세요.
크게 웃으면 우울한 기분이 사라집니다.

(3) 아침에 30분 정도 가벼운 산책이나 요가 등을 해 보세요.
운동을 하면 몸과 마음이 가벼워집니다.

(4) 자기 자신을 칭찬하고 자신에게 선물을 해 보세요.

(5) 우울할 때 술을 마시는 것은 좋지 않습니다.
술을 마시면 기분이 더 우울해질 수 있습니다.

(6) 외로울 때는 동물을 기르는 것도 도움이 됩니다.
동물하고 친구가 되어 보세요.

(7) 다른 일에 신경을 쓰지 않고 집중할 수 있는 취미를 만들어 보세요.

 ## 듣기

1 들은 내용과 다른 것을 고르십시오.

① 남자는 아파서 결석했다.
② 일요일에 여의도에서 불꽃놀이 축제가 있다.
③ 여의도역에서 5시에 만나기로 했다.
④ 늦을 것 같은 사람은 미리 전화를 해야 한다.

2 여자는 남자에게 왜 전화를 했습니까?

① 숙제를 물어보려고
② 선생님이 한 말을 전해 주려고
③ 불꽃놀이 축제가 어땠는지 물어보려고
④ 여의도역에 어떻게 가는지 알려 주려고

 ## 말하기

동호회 사람들과 1박 2일 단체 여행을 가려고 합니다. 모둠을 나누어 여행 준비를 하고, 여행 준비 결과를 다른 사람들에게 전달해 봅시다.

| 준비하기 | 여행을 가기 전에 준비해야 할 일을 생각해 보세요. |

| 대화하기 | ❶ 무엇을 준비해야 할지 이야기해 보세요.
❷ 누가 무슨 일을 할지 정해 보세요. |

| 전달하기 | 함께 이야기한 내용을 다른 사람들에게 말해 주세요. |

 **읽고 쓰기**

1. 다음 글을 읽고 답해 봅시다.

　이번 주말에 사진 동호회에서 여의도 벚꽃 축제에 간다. 원래는 진해에 벚꽃을 보러 가기로 했는데 기차표가 없었다. 모두들 아쉬워하니까 회원 중 한 명이 여의도 벚꽃 축제에 가자고 했다.
　서울에서 벚꽃을 즐기기에 가장 좋은 곳 중의 하나가 바로 여의도 국회의사당 뒤편 '여의서로'라고 한다. 예전에는 '윤중로'라고 했는데 이름이 바뀌었다고 한다. 행사장에 전화를 해서 주차를 할 수 있냐고 물어보니까 축제 기간에는 그 주변에 차가 다닐 수 없다고 한다. 대신 버스나 지하철을 이용하라고 알려 줬다.

(1) 왜 진해에 가지 못했습니까?
　_____

(2) 여의도 벚꽃 축제에 가려면 어떤 교통수단을 이용하는 것이 좋습니까?
　_____

2. 아직 가 보지는 못 했지만 다른 사람이 추천해 준 축제가 있습니까? 그 축제에 대해 자세히 알아보고 글을 써 봅시다.

 **날개 달기**

신입생들에게 동아리 홍보를 하려고 합니다. 동아리를 잘 알릴 수 있는 방법을 생각해 봅시다.

| 준비 | 2~3명씩 모둠을 만드세요. |

대화하기
① 동아리 이름, 목적, 활동 내용 등을 정합니다.
② 동아리를 홍보할 수 있는 방법에 대해 이야기를 나누고, 안내문을 만듭니다.

동아리 홍보하기
① 각 모둠별로 동아리를 소개합니다.
② 교사가 신입생이 되어 동아리에 대해 궁금한 것을 질문하고, 마지막에 동아리 하나를 선택하면 그 동아리가 승리합니다.

표현 넓히기

'모임'과 관련된 다양한 표현입니다. 표현을 익혀 말해 봅시다.

① 모임을 가지다

대학 동창들끼리 1년에 한두 번 정도 모임을 가진다.
취미가 같은 사람들끼리 모임을 가지고 즐거운 시간을 보냈다.

② 모임에 나가다

모임에 나가니까 다양한 사람들을 만날 수 있어서 좋다.
요즘은 회사 일이 너무 많아서 모임에 나가기가 힘들다.

③ 모임에 빠지다

출장 때문에 모임에 빠지게 됐다.
동창회에 자꾸 빠지니까 친구들에게 미안했다.

④ 모임을 취소하다

일요일에 비가 온다고 해서 등산 모임을 취소했다.
모임에 못 오는 사람이 많다고 해서 모임을 취소했다.

⑤ 모임을 미루다/연기하다

바쁜 사람들이 많아서 모임을 미뤘다.
모임을 연기했으니까 날짜를 잘 기억하세요.

5과 여가

학습목표 자신이 경험한 것을 다른 사람에게 추천할 수 있다.

학습문법
-을 만하다   -더라고요   -을 걸 그랬어요

준비하기
시간이 있을 때 주로 무엇을 합니까?
취미 생활이나 운동을 하면 어떤 점이 좋습니까?

 ## 표현 알기

여가와 관련된 표현을 빈칸에 넣어 다음 문장을 완성해 봅시다.

할 일이 너무 많을 때

(1) 여유가 _____
(2) _____
(3) 스트레스를 _____
(4) 피로가 _____

받다   바쁘다   쌓이다   없다

집에서 쉴 때

(1) 여유가 있어요.
(2) _____
(3) 스트레스를 풀어요.
(4) 피로가 _____

한가하다   풀다   있다   풀리다

취미

(1) 그림을 _____
(2) 음반을 _____
(3) 춤추는 것을 _____

모으다/수집하다   즐기다   감상하다

나들이

(1) 야외에서 가족들과 함께 _____
_____
(2) 아름다운 경치를 보면서 _____
_____

즐거운 시간을 보내다
기분을 전환하다

연극을 봤는데 정말 볼 만했어요

민재 수지 씨, 주말 잘 보냈어요?

수지 네, 민재 씨도 잘 지냈어요? 주말에 뭐 했어요?

민재 여자 친구랑 같이 '지하철 1호선'이라는 연극을 봤는데 정말 볼 만했어요.

수지 아, 저도 그 연극에 대해서 들어 본 적이 있어요. 친구가 그 연극이 굉장히 유명하다고 했어요.

민재 네, 많은 사람들이 그 연극을 좋아한다고 해요. 수지 씨도 보면 좋아할 거예요.

수지 저는 봐도 이해를 못 할 거예요. 아직 한국어 실력이 모자라요.

민재 아니에요. 연극 대사가 좀 어렵기는 하겠지만, 일본어하고 영어 자막이 있더라고요. 그러니까 내용을 이해할 수 있을 거예요.

수지 아, 그래요? 저도 한번 보고 싶네요.

민재 정말 재미있을 거예요. 그런데 수지 씨는 주말에 뭐 했어요?

수지 저는 한국어 공부를 하려고 친구도 안 만났는데, 텔레비전만 계속 봤어요. 그냥 친구를 만날 걸 그랬어요.

본문 확인하기
민재는 주말에 무엇을 했습니까?
수지는 무엇을 후회합니까?

어휘와 표현
굉장히   대사   자막
내용   이해하다

실력이 모자라다

문법 알기

-을 만하다   동사 -(으)ㄹ 만하다

결석과 지각을 하지 않는 학생은 칭찬을 받을 만해요.
'로마의 휴일'은 오래된 영화이지만 볼 만해요.
요즘 유행하는 노래 중에서 들을 만한 것 좀 추천해 주세요.
이 마을은 공기가 좋고 이웃들도 친절해서 살 만한 곳이에요.
친구가 삼계탕이 정말 먹어 볼 만하다고 했어요.

문법 익히기

1. <보기>와 같이 대화를 완성해 봅시다.

<보기>
가: 제주도는 어떤 음식이 맛있어요?
나: 갈치구이가 아주 맛있어요.
　　한번 먹어 볼 만해요. (먹어 보다)

(1) 가: 어제 본 영화 어땠어요?
　　나: 아주 재미있었어요. _____ (보다)

(2) 가: 이번 연휴에 어디에 가면 좋을까요?
　　나: 단풍이 아름다워서 설악산에 _____ (가 보다)

(3) 가: 이번에 이사한 곳은 어때요?
　　나: 경치가 아름답고 공기가 좋아서 _____ (살다)

(4) 가: 왜 클래식 음악 CD를 샀어요?
　　나: 클래식 음악을 들으면 마음이 편안해져서 쉬면서 _____ (듣다)

2. <보기>와 같이 대화를 완성해 봅시다.

> <보기>
> 가: 읽을 만한 책 좀 추천해 주세요.
> 나: '엄마를 부탁해'가 읽을 만해요.

(1) 가: 여행을 갈 만한 곳 좀 알려 주세요.

　　나: _____

(2) 가: 취미로 배울 만한 것은 무엇이 있을까요?

　　나: _____

(3) 가: 외국인이 좋아할 만한 한국 음식 좀 추천해 주세요.

　　나: _____

(4) 가: 부모님께 드릴 만한 선물 좀 추천해 주세요.

　　나: _____

(5) 가: 백화점 말고 쇼핑할 만한 곳 좀 알려 주세요.

　　나: _____

(6) 가: 주말에 남자/여자 친구와 데이트할 만한 곳 좀 알려 주세요.

　　나: _____

3. <보기>와 같이 배워 볼 만한 것을 추천해 봅시다.

<보기>

저는 회사 일 때문에 스트레스를 많이 받았습니다. 운동을 하지 않아서 살도 많이 쪘습니다. 그런데 친구가 재즈 댄스를 추천해서 6개월 전부터 배우고 있습니다. 재즈 댄스를 하니까 살도 많이 빠지고 스트레스도 풀립니다. <u>재즈 댄스는 정말 배워 볼 만한 것 같습니다.</u> 여러분도 한번 배워 보세요.

(1) _____
_____
_____
_____
_____

(2) _____
_____
_____
_____
_____

 문법 알기

동사/형용사	-더라고요
(명사)이다	(이)더라고요

-더라고요

민재 씨는 한국 사람이지만 매운 음식을 잘 못 먹더라고요.
소연 씨요? 아까 수지 씨하고 도서관에 가더라고요.
소연 씨 남자 친구를 봤는데 키가 크더라고요.
뉴스에서 춥다고 했는데 별로 춥지 않더라고요.
어제 은주 씨와 같이 도서관에 간 사람이 선생님이더라고요.

 문법 익히기

1. <보기>와 같이 대화를 완성해 봅시다.

   <보기>
   가: 그 책이 서점에 없는데 어디에서 샀어요?
   나: 인터넷에서 찾아보니까 있더라고요. (있다)

   (1) 가: 동대문시장 옷이 싸요?
       나: 얼마 전에 가 봤는데 별로 _____ (싸지 않다)

   (2) 가: 휴대폰으로 인터넷을 사용하는 사람이 많아요?
       나: 생각보다 _____ (많다)

   (3) 가: 아침에 지하철로 출근하는 게 어때요?
       나: 사람이 너무 많아서 _____ (복잡하다)

   (4) 가: 우리 사무실에서 누가 노래를 제일 잘 불러요?
       나: 마리엔 씨가 노래를 _____ (잘 부르다)

   (5) 가: 늦어서 죄송합니다.
       나: 괜찮아요. 오늘은 길이 정말 많이 _____ (막히다)

2. <보기>와 같이 대화를 완성해 봅시다.

가: 소연 씨, 수지 씨 봤어요?
나: 아까 봤는데 도서관에서 <u>공부하더라고요</u>.

(1)
가: 민재 씨와 밥을 먹으려고 하는데 무엇을 좋아할까요?
나: 같이 밥을 먹어 봤는데 _____

(2)
가: 정훈 씨 여자 친구를 본 적이 있어요?
나: 네, 어제 봤는데 _____

(3)
가: 우리 사무실 사람들 중에서 누가 춤을 제일 잘 춰요?
나: 마리엔 씨가 _____

(4)
가: 이 가게에서 아이스크림을 먹어 봤어요?
나: 네, 먹어 봤는데 _____

(5)
가: 소연 씨가 쉴 때 뭐 하는지 알아요?
나: 집에서 _____

3. <보기>와 같이 문장을 완성해 봅시다.

> <보기>
> 이사해야 하는데 요즘 집을 구하기가 힘들더라고요.

(1) 청계천에 갔는데 _____

(2) 그 식당은 항상 _____

(3) 미술관에 그림이 많기는 하지만 _____

(4) 밤에 남산에 가 봤는데 _____

(5) 한국어교실에서 공부하는데 _____

(6) 시험 기간에는 _____

(7) 친구가 재미있는 영화라고 했는데 _____

(8) 한국 대학생들은 방학 때 _____

(9) 휴대폰을 사러 갔는데 _____

(10) 학생이라고 생각했는데 _____

5과 여가

4. 여행 경험을 이야기해 봅시다.

(1) 다음 글을 완성해 보세요.

> 저는 한국 친구를 알게 된 후부터 한국에 관심이 생겼어요. 그래서 한국 노래를 듣고 한국 드라마를 봤어요. 드라마로 본 한국을 직접 보고 싶어서 한국으로 여행을 오게 되었어요.
>
> 서울 여행 첫날에 경복궁에 갔어요. 경복궁은 생각보다 <u>작지만 아름답더라고요</u>.
> (작지만 아름답다)
>
> 경복궁 여기저기를 구경하면서 사진을 찍었어요. 서울은 크고 복잡한데 경복궁 안은 _____.
> (조용하다)
>
> 다음으로 인사동에 갔어요. 인사동에는 외국인도 많고 한국의 전통 물건도 _____. 한정식집에 가서 비빔밥과 불고기를 먹었는데 조금
> (많다)
>
> 매웠지만 _____.
> (맛있다)
>
> 배가 불러서 청계천까지 걸어갔는데 생각보다 _____.
> (가깝다)
>
> 젊은 사람들이 거기에서 _____.
> (데이트하다)
>
> 밤에는 남산 N서울타워에 가서 야경을 구경했는데 정말 아름다웠어요.

(2) 여러분이 여행한 곳에 대해서 이야기해 보세요.

 문법 알기

-을 걸 그랬어요   동사 -(으)ㄹ 걸 그랬어요

짧은 치마가 불편해요. 바지를 입을 걸 그랬어요.
아까 점심을 먹었는데 금방 배고파요. 점심을 많이 먹을 걸 그랬어요.
그 콘서트를 못 봐서 아쉬워요. 친구가 가자고 할 때 같이 갈 걸 그랬어요.
해외 출장을 가야 하는데 외국어를 못해요. 외국어를 배울 걸 그랬어요.
어제 본 영화가 너무 재미없었어요. 그 영화를 보지 말 걸 그랬어요.

 문법 익히기

1. <보기>와 같이 써 봅시다.

> <보기>
> 아침을 안 먹어서 배가 고파요. 아침을 먹을 걸 그랬어요.

(1) 돈을 아껴 쓰지 않아서 점심 먹을 돈이 없어요. _____

(2) 높은 구두를 신어서 발이 아파요. _____

(3) 밤에 늦게 자서 일찍 일어나지 못했어요. _____

(4) 공부를 안 해서 시험에 떨어졌어요. _____

(5) 우산을 안 가지고 왔는데 갑자기 비가 와요. _____

(6) 커피를 많이 마셔서 잠이 오지 않아요. _____

2. 무엇을 후회하고 있습니까? 무슨 일들이 있었는지 이야기해 봅시다.

친구하고 싸워서 사이가 안 좋아지다	조금 더 참다
치과 치료를 받아야 하다	평소에 양치질을 잘 하다
살이 쪄서 옷이 맞지 않다	평소에 운동을 열심히 하다
건강이 나빠지다	담배를 피우지 말다
눈이 나빠지다	컴퓨터 게임을 하지 말다
첫사랑을 못 잊다	헤어지지 말다

3. 어떤 일이 후회되는지 이야기해 봅시다.

물건을 산 것을 후회한 적이 있어요?

책을 읽거나 영화를 보고 나서 후회한 적이 있어요?

사귀고 싶은 사람이 있었는데 말을 못 해서 친해지지 못한 적이 있어요?

정말 하고 싶었는데 못 한 일이 있어요?

4. 지난 주말을 어떻게 보냈습니까? 주말에 한 일에 대해서 이야기해 봅시다.

▶ 주말에 한 일을 말해 봅시다.

친구를 오랜만에 만나서 영화도 보고 밥도 먹었어요.

▶ 주말에 한 일 중에 어떤 것이 좋았습니까?

친구하고 영화를 봤는데 재미있었어요. 이야기가 참 감동적이더라고요.

추천할 만해요.

▶ 주말에 한 일 중에 어떤 것이 좋지 않았습니까?

극장 근처에 있는 식당에서 밥을 먹었는데 맛이 없더라고요. 다른 곳에 갈 걸

그랬어요.

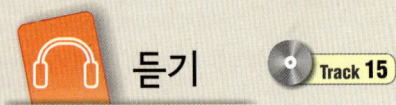 듣기

① 잘 듣고 맞으면 ○, 틀리면 × 를 표시하십시오.

(1) 난타는 쉬운 말로 이야기해서 외국인들도 많이 본다. (   )

(2) 해외에서도 난타 공연을 볼 수 있다. (   )

② 들은 내용과 같은 것을 고르십시오.

① 두 사람은 모두 야구를 좋아한다.
② 두 사람은 토요일에 난타 공연을 보기로 했다.
③ 여자는 남자 친구와 공연을 보고 싶어 한다.
④ 여자가 야구를 좋아하지 않아서 야구장에 가지 않기로 했다.

 말하기

어떻게 생각하는지 함께 이야기해 봅시다.

| 의견 정하기 | ❶ "여가를 충분히 즐겨야 한다."
❷ "여가를 즐기기보다는 돈을 모아야 한다." |

찬성 이유 생각해 보기

❶ "지금의 행복이 더 중요하다."
   "여가를 즐기면 스트레스와 피로를 풀 수 있으니까 일을 더 잘 할 수 있다."
❷ "여가를 즐기는 것은 시간 낭비다."
   "나이가 들면 여가를 즐길 수 있는 시간이 많아진다."

읽고 쓰기

1 다음 글을 읽고 답해 봅시다.

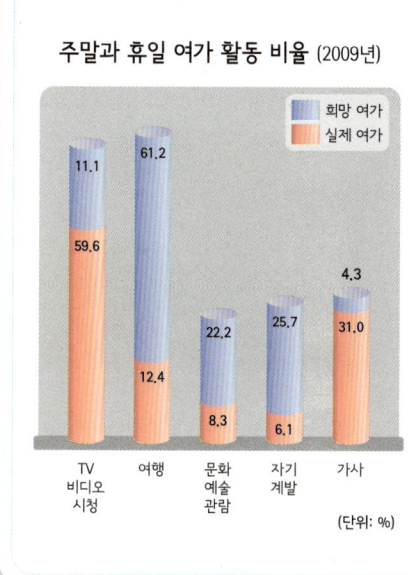

주말과 휴일 여가 활동 비율 (2009년)

한국 사람들은 여유가 생기면 어떤 여가 활동을 할까? 한 조사 결과 응답자의 61.2%가 여행을 꼽았다. 자기 계발에 투자하겠다는 답변도 25.7%였고, 문화·예술 관람도 22.2%로 나타나는 등 적극적이고 활동적인 여가를 원하는 사람들이 많았다. 하지만 현실은 좀 달랐다. 실제로는 59.6%가 TV와 비디오 시청을 하고 31%는 가사 활동을 한다고 했다. 한국인의 반 이상은 퇴근 후나 공휴일에 집에서 TV를 보며 시간을 보낸다는 것이다. 이상과 현실이 차이를 보이는 가장 큰 이유는 돈 때문이라고 대답했다.

(1) 한국인들이 가장 하고 싶어 하는 여가 활동은 무엇입니까?

_____

(2) 한국인들은 왜 대부분의 시간을 집에서 TV를 보면서 보냅니까?

_____

2 여러분은 여가 활동을 할 때 돈이 반드시 필요하다고 생각합니까? 왜 그렇게 생각합니까? 자신의 생각을 써 봅시다.

 날개 달기

해외 배낭여행을 준비하고 있는 사람이 인터넷 카페에 질문을 올렸습니다. 여러분이 경험한 것 중에서 추천하고 싶은 것, 후회하는 것 등을 댓글로 달아 봅시다.

준비

먼저 학생들이 많이 가 본 곳을 여행지로 결정합니다.

인터넷 카페에 질문 올리기

칠판이 컴퓨터 화면이라고 생각하고 질문을 씁니다.
(예: 4박 5일로 태국을 여행하려고 합니다. 여행 계획을 어떻게 짜면 좋을까요?)

댓글 달기

학생들이 돌아가며 나와서 댓글을 다는 형식으로 글을 씁니다.
다른 학생의 댓글에 또 댓글을 달아도 됩니다.

댓글 왕 뽑기

가장 유용한 정보라고 생각되는 댓글을 선정합니다.

 홈 > 지식 Q&A > 여행 > 해외여행 > 태국

Q 태국 여행 질문 친세 집기 　　답변 3 / 조회 28

4박 5일로 태국을 여행하려고 합니다. 여행 계획을 어떻게 짜면 좋을까요?

 ↳ 여행책을 사세요.
↳ 블로그, 카페를 찾아야지.
↳ 태국 역사 공부는 기본!!

 ## 표현 넓히기

5과 여가

'시간'과 관련된 표현입니다. 표현을 익혀 말해 봅시다.

① 시간이 흐르다

한참 시간이 흐른 후에도 그 일이 자꾸 생각났다.
시간이 흐르면 괜찮아질 거예요.

② 시간이 멈추다

그 사람을 본 순간 시간이 멈추는 것 같았다.
너무나 행복해서 지금 이 시간이 멈췄으면 좋겠다.

③ 시간을 내다

여쭤 보고 싶은 것이 있어요. 잠깐만 시간을 내 주실 수 있어요?
바쁘지만 시간을 내서 병원에 있는 친구를 보러 갔다.

④ 시간에 쫓기다

시간에 쫓기지 않으려면 할 일을 미리 해야 한다.
마감 시간이 얼마 안 남아서 시간에 쫓긴다.

⑤ 시간을 쏟다

데이트에 시간을 쏟아서 공부할 시간이 부족했다.
좋아하는 일에 시간을 쏟을 수 있는 사람은 행복하다.

6과 외모와 성격

학습목표 외모와 성격에 대해 말할 수 있다.

학습문법
반말   -는 편이다   -을 정도

준비하기
사람을 처음 만날 때 가장 먼저 무엇을 봅니까?
무엇을 보면 그 사람의 성격을 알 수 있습니까?

표현 알기

외모와 성격을 표현하는 말을 알아봅시다.

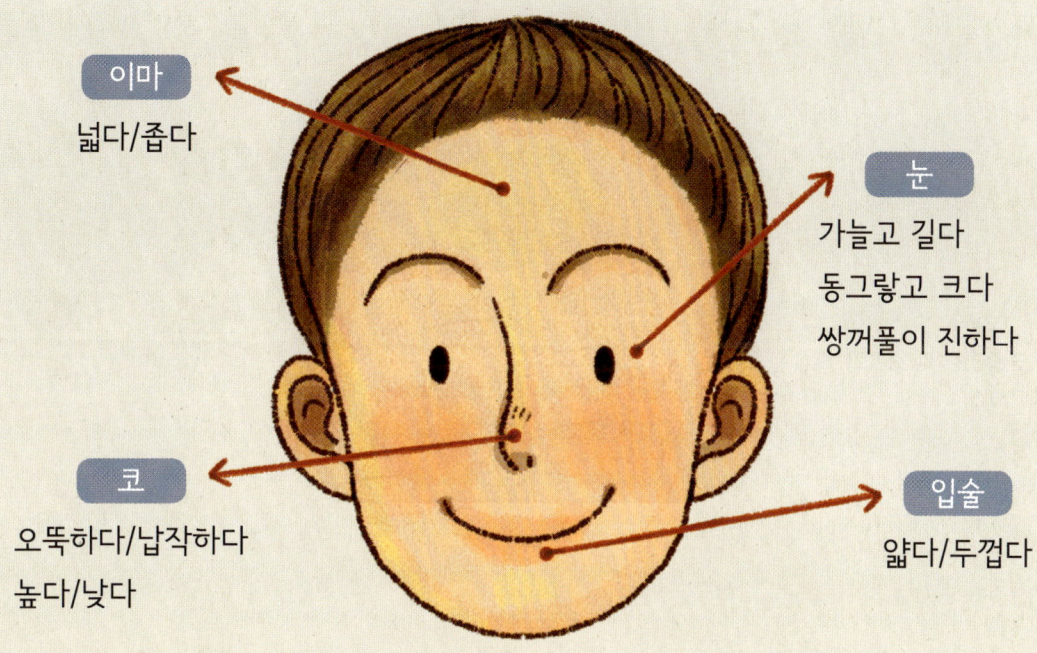

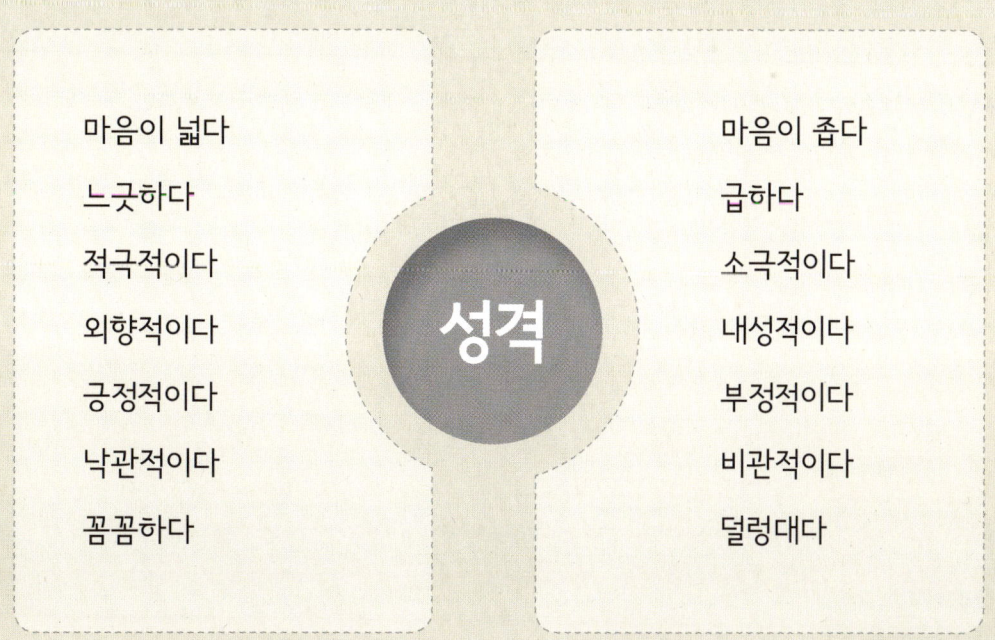

성격이 밝고 솔직해서 친구가 많은 편이에요

소연	엄마, 이 친구가 수지예요. 예쁘게 생겼지요?
어머니	그래. 웃는 모습이 참 예쁘네. 성격도 좋을 것 같아.
소연	네, 수지는 성격이 밝고 솔직해서 친구가 많은 편이에요.
어머니	이 남학생이 네가 말한 중국 학생이야?
소연	맞아요. 어떻게 아셨어요?
어머니	이 친구가 성격이 아주 재미있다고 했지? 얼굴을 보니까 그럴 것 같은데?
소연	하하. 맞아요. 왕강이 하는 이야기가 너무 재미있어서 인기가 많아요. 학교에서 왕강을 모르는 사람이 없을 정도예요.
어머니	그렇게 재미있어? 엄마도 한번 만나 보고 싶네. 언제 한번 이 친구들을 모두 집으로 초대하는 게 어때?
소연	그럴까요? 맛있는 거 해 주실 거예요?
어머니	당연하지.
소연	그럼 친구들하고 시간을 맞춰 볼게요.

본문 확인하기
수지는 성격이 어떻다고 해요?
소연의 어머니는 왜 왕강을 만나 보고 싶다고 하셨어요?

어휘와 표현
밝다   솔직하다   당연하다   -게 생기다   시간을 맞추다

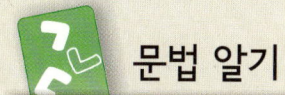
문법 알기

반말

		현재	과거	미래/추측
평서문	동사 형용사	-아/어/여	-았/었/였어	-(으)ㄹ 거야
	(명사)이다	(이)야	이었/였어	일 거야
의문문	동사 형용사	-아/어/여?	-았/었/였어?	-(으)ㄹ 거야?
	(명사)이다	(이)야?	이었/였어?	-
청유문	동사		-자 -지 말자	
명령문	동사		-아/어/여 -지 마	

가: 이 옷 어때?
나: 정말 예뻐.

가: 마리엔, 어제도 일했어?
나: 아니, 어제는 쉬었어.

가: 이번 방학 때 뭐 할 거야?
나: 제주도에 갈 거야.

가: 그게 뭐야?
나: 새로 산 휴대폰이야.

가: 엄마, 나 밥 안 먹을래.
나: 뭐? 안 돼. 빨리 먹어.

가: 그거 뭐야? 일기장이야?
나: 안 돼. 보지 마.

가: 나 먼저 갈게.
나: 기다려. 같이 가자.

가: 영화 보러 갈까?
나: 재미없으니까 영화 보지 말자.

> ❗ '네', '아니요'는 '응', '아니'로 바꾸면 됩니다.
>   민재: 소연아, 밥 먹었어?
>   소연: 응, 먹었어. / 아니, 안 먹었어.
>
> ❗ '안녕히 가세요', '안녕히 계세요', '안녕히 주무세요'는 '잘 가', '잘 있어', '잘 자'로 바꾸면 됩니다.

문법 익히기

1. <보기>와 같이 대화를 완성해 봅시다.

<보기>
가: 엄마, 안녕히 주무세요.
나: 그래. 너도 잘 자.

(1) 가: 할머니, 주말에 뵈러 가도 돼요?
    나: 그럼! 주말에 _____

(2) 가: 여보, 오늘 일찍 들어 와?
    나: 아니. 오늘 회식이 있어서 _____

(3) 가: 언니, 나 이거 먹어도 돼?
    나: 안 돼. 그거 내가 _____

(4) 가: 엄마, 나 친구 집에 갔다 와도 돼요?
    나: 그래. 그런데 1시까지 _____

(5) 가: 연필 좀 빌려 줘.
    나: 그래. 이 연필 _____

(6) 가: 오늘 점심은 뭘 먹을까?
    나: 날이 더우니까 냉면을 _____

(7) 가: 피곤해? 내가 운전할까?
    나: 아니야, 괜찮아. 내가 계속 _____

6과 외모와 성격

2. 아래의 편지를 반말로 바꿔 써 봅시다.

선생님께

  선생님, 안녕하세요? 저는 열린한국어교실에서 공부한 제임스입니다. 그동안 잘 지내셨어요?
  고향에 돌아온 지 벌써 6개월이 지났습니다. 저는 직장에 취직해서 일을 하고 있습니다. 여기 생활도 좋지만 가끔 한국에서 공부할 때가 생각이 납니다. 여기 날씨는 매우 덥습니다. 한국은 겨울이니까 눈이 많이 왔겠네요.
  선생님, 시간이 있으면 반 친구들과 함께 제 고향에 한번 놀러 오세요. 제가 맛있는 음식도 사 드리고 아름다운 경치도 구경시켜 드리겠습니다.
  그럼, 건강하게 지내세요. 다음에 또 연락 드리겠습니다.

                                      1월 5일
                                   제임스 올림.

보고 싶은 친구에게

                                      1월 5일
                                   제임스가.

3. 언제, 누가 반말을 할까요? <보기>와 같이 이야기해 봅시다.

<보기>

소연 : 할머니, 주말에 뭐 하세요? 바쁘세요?
할머니 : 요즘 날씨가 좋아서 할아버지랑 같이 공원에 가기로 했어.
소연 : 그래요? 저도 같이 가도 돼요?
할머니 : 당연하지. 네가 같이 가면 더 재미있을 거야.

(1)
나 - 할머니/할아버지

(2)
나 - 어머니/아버지

(3)
나 - 친한 친구

(4)
아내 - 남편

(5)
여자 친구 - 남자 친구

(6)
나 - 부장님

문법 알기

-는 편이다

동사	-는 편이다
형용사	-(으)ㄴ 편이다

마리엔 씨는 매운 음식을 잘 먹는 편이에요.
수지는 한국어 공부를 열심히 하는 편이에요.
마리엔 씨는 키가 큰 편이에요.
그 영화는 이번 달에 개봉한 다른 영화들보다 재미있는 편이에요.
다른 친구들에 비해서 집이 가까운 편이에요.

문법 익히기

1. <보기>와 같이 문장을 완성해 봅시다.

> <보기>
> 이 아파트 주변에는 시장도 있고 병원도 있어서 살기에 <u>편한 편이에요.</u> (편하다)

(1) 큰 시장은 작은 시장에 비해서 물건 값이 _____ (싸다)

(2) 대니 씨는 매일 8시까지 회사에 오니까 일찍 _____ (출근하다)

(3) 수지 씨의 집은 회사에서 좀 _____ (멀다)

(4) 이 식당은 깨끗하고 음식 맛도 좋아서 손님이 많이 _____ (오다)

(5) 필리핀은 한국보다 남쪽에 있어서 날씨가 더 _____ (덥다)

2. <보기>와 같이 문장을 완성해 봅시다.

<보기>
소연 씨는 머리가 <u>긴 편이에요</u>. (길다)

(1)
한라산   지리산

지리산은 한국에 있는 산 중에서 _____

(2)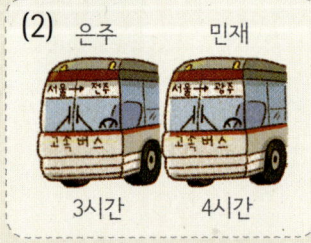
은주   민재
3시간   4시간

민재 씨 고향이 은주 씨 고향보다 좀 더

_____

(3)

정훈 씨하고 같이 점심을 먹으면 항상 우리보다 빨리 먹고, 우리가 다 먹을 때까지 기다려요. 정훈 씨는 밥을

_____

(4)

민재 씨는 주말에 보통 등산을 하거나 수영을 하러 가요. 그리고 가끔 마라톤도 해요. 민재 씨는 _____

_____

(5)

은주 씨는 회사 일을 마치고 매일 수영을 하거나 외국어를 배워요. 은주 씨는 _____

106 열린한국어

6과 외모와 성격

3. 우리 반 친구들에 대해서 이야기해 봅시다.

(1) <보기>와 같이 친구의 외모, 행동, 성격을 써 보세요.

<보기>
한국 문화를 많이 아는 편이다.
술을 좋아하는 편이다.
숙제를 열심히 하는 편이다.
한국 친구가 많은 편이다.
눈이 동그랗고 큰 편이다.

증중달

(2) 친구의 이름을 말하지 말고 친구에 대해서 이야기하세요.
이야기를 듣고 누구인지 맞혀 보세요.

 **문법 알기**

-을 정도

| 동사 있다/없다 | -(으)ㄹ 정도 |

미니스커트를 너무 좋아해서 한겨울에도 입을 정도예요.
이 책은 아주 많이 읽어서 다 외울 정도예요.
하루에 100번쯤 들을 정도로 이 노래를 좋아해요.
저는 안 해 본 운동이 없을 정도로 운동을 좋아해요.

 **문법 익히기**

1. <보기>와 같이 대화를 완성해 봅시다.

    <보기>
    가: 아이스크림을 좋아하세요?
    나: 네, 거의 매일 먹을 정도로 좋아해요. (먹다)

    (1) 가: 하루 종일 아무것도 못 먹었는데 배고프지 않아요?
        나: 네, _____ 배가 고파요. (쓰러지다)

    (2) 가: 밖에 바람이 많이 불어요?
        나: 네, 집 지붕이 _____ 바람이 심하게 불어요. (날아가다)

    (3) 가: 저분은 한국 사람처럼 한국어를 잘하시네요?
        나: 네, 한국 사람으로 _____ 한국어를 잘해요. (착각하다)

    (4) 가: 요즘 어머니 건강은 좀 어떠세요?
        나: 혼자서도 _____ 많이 좋아지셨어요. (걸을 수 있다)

6과 외모와 성격

2. <보기>와 같이 대화를 완성해 봅시다.

> <보기>
> 가: 여행을 자주 하세요?
> 나: 네, 한국에서 안 가 본 곳이 없을 정도예요.

(1) 가: 이 가수의 콘서트에 자주 가세요?

　　나: 네, 저는 이 가수를 정말 좋아해서 _____

(2) 가: 작년 겨울에 이곳에 눈이 많이 왔어요?

　　나: 네, 눈이 너무 많이 와서 _____

(3) 가: 눈이 아주 나빠요?

　　나: 네, 안경을 벗으면 _____

(4) 가: 그 식당에는 항상 사람들이 많아요?

　　나: 네, 사람들이 많아서 _____

(5) 가: 요즘 많이 바쁘세요?

　　나: 네, 너무 바빠서 _____

(6) 가: 이 회사 화장품을 많이 샀네요.

　　나: 네, 이 회사 제품을 아주 좋아해서 _____

(7) 가: 저 두 사람은 정말 친한 것 같아요.

　　나: 네, 두 사람은 친해서 _____

3. <보기>와 같이 유명한 사람을 소개해 봅시다.

<보기>

　마이클 잭슨은 미국의 팝 가수입니다. 마이클 잭슨은 아주 유명해서 모르는 사람이 없을 정도입니다. 마이클 잭슨과 그의 노래를 좋아하는 팬은 셀 수 없을 정도로 많습니다. 80세가 넘으신 우리 할머니께서도 좋아하실 정도니까요. 마이클 잭슨의 '스릴러(Thriller)' 앨범은 인기가 아주 많아서 1억 장 이상이 팔렸을 정도입니다. 그리고 그는 그래미상 최우수 가수상을 8개나 받았을 정도로 실력 있는 가수였습니다. 그래서 마이클 잭슨을 '팝의 왕(King of Pop)'이라고 부릅니다.

6과 외모와 성격

4. 재미있는 인물을 소개해 봅시다.

(1) 아래 글을 읽어 보세요.

예전에 스크루지라는 이름을 가진 사람이 살고 있었다. 스크루지는 돈만 좋아한다고 소문이 난 사람이었다. 그는 돈이 많았지만 가난한 사람을 돕지 않았다. 그의 조카가 가난하고 어렵게 살고 있었지만 전혀 신경을 쓰지 않을 정도로 냉정한 편이었다.

옛날에 흥부라는 사람이 살고 있었다. 그의 형인 놀부가 그를 괴롭혀도 형에게 한 번도 화를 내지 않을 정도로 착한 편이었다.

(2) 여러분이 알고 있는 이야기에 나오는 인물의 성격에 대해서 이야기해 보세요.

(3) 여러분이 이야기를 만든다고 생각하고 인물의 성격에 대해서 써 보세요.

듣기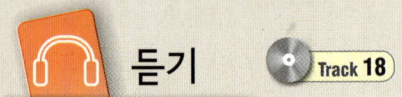

1 잘 듣고 맞으면 ○, 틀리면 X 를 표시하십시오.

(1) 여자는 소개팅을 한 남자가 마음에 안 들었다. (   )

(2) 남자는 소개팅을 한 남자가 여자에게 연락할 것이라고 생각한다. (   )

2 들은 내용과 같은 것을 고르십시오.

① 여자와 소개팅을 한 남자는 키가 크고 얼굴이 잘생겼다.
② 여자는 소개팅을 한 남자의 외모만 좋아한다.
③ 여자와 소개팅을 한 남자는 소극적인 성격이다.
④ 소개팅을 한 남자는 여자에게 데이트 신청을 했다.

말하기

친구에게 소개팅을 해 주려고 합니다. 친구를 소개하고 그 친구와 어울릴 것 같은 사람을 찾아봅시다.

- 말하는 사람 -

준비하기 친구의 외모와 성격을 생각해 보세요.

친구 소개하기
❶ 반 친구들에게 친구를 소개해 보세요.
❷ 친구에 대한 질문에 대답해 보세요.

- 듣는 사람 -

❶ 친구의 이야기를 듣고 궁금한 점을 질문하세요.
❷ 반 친구들 중에서 어울릴 것 같은 사람을 찾아보세요.

6과 외모와 성격

읽고 쓰기

1 민재의 친구 엠마가 한국에 온다고 합니다. 엠마의 이메일을 읽고 답해 봅시다.

받는사람	minjaejjang@oakle.net
제목	엠마가 드디어 한국에 가요~~~ ^^

민재야, 안녕!

좋은 소식이 있어. 드디어 내가 한국에 가게 되었어.
지난번에 내가 우리 학교 한국 연수 프로그램에 대해서 말했지?
그 프로그램에 내가 선발되었어.
합격 소식을 들었을 때 하늘을 날 정도로 기뻤어. 정말 많이 기대하고 있었거든.
3주 후 금요일에 출발하니까 인천 공항에는 토요일에 도착할 거야.
토요일에 도착하면 네가 공항에 데리러 올 수 있다고 했지?
네가 나올 수 있다고 해서 정말 다행이야. 고마워.
정확한 비행기 도착 시간은 다시 알려 줄게.
흰색 바지에 보라색 반팔 티셔츠를 입고 갈게.
작년에 보낸 사진에서보다 머리가 많이 길었고 살은 좀 빠진 편이야.
널 진짜로 만나면 어떤 기분일까? ^^
그럼 다시 메일 보낼게. 안녕~

(1) 엠마는 어떻게 한국에 오게 되었습니까?

_____

(2) 엠마의 외모가 작년하고 어떻게 달라졌습니까?

_____

2 오랜만에 만날 친구에게 이메일을 써 봅시다.

 **날개 달기**

다른 사람들의 성격을 어떻게 알 수 있습니까? 성격 확인표를 만들어 봅시다.

① 2~3명씩 모둠을 만들어 서로 반대되는 성격을 가진 사람들이 어떻게 행동할지 함께 이야기해 봅니다.

성격: 게으르다/부지런하다, 꼼꼼하다/덜렁대다, 적극적이다/소극적이다 등

외향적이다
- 친구들과 함께 있는 시간을 좋아한다.
- 친구가 많은 편이다.
- 다른 사람들 앞에서 발표하는 것을 좋아한다.

내성적이다
- 혼자서 생각하는 시간을 좋아한다.
- 친구가 적은 편이다.
- 다른 사람들 앞에서 발표하는 것을 싫어한다.

② 이야기한 내용을 확인표로 만들어 봅니다.

질문	네	아니오
혼자서 생각하는 시간보다 친구와 함께 있는 시간을 좋아합니까?	✓	
친구가 많은 편입니까?	✓	
다른 사람들 앞에서 발표하는 것을 좋아합니까?		✓
당신의 성격은 외향적인 편입니다.		

③ 모둠끼리 확인표를 바꾸세요. 다른 모둠의 확인표로 성격을 알아보고 자신의 성격과 얼마나 같은지 또는 다른지 이야기해 봅시다.

표현 넓히기

'성격'과 관련된 표현입니다. 표현을 익혀 말해 봅시다.

① 눈이 높다

가: 오늘 봤어? 준호가 민정이에게 관심 있는 것 같아.
나: 민정이는 눈이 아주 높은데 준호를 좋아할까?

② 얼굴이 두껍다

그 사람은 얼굴이 두꺼워서 실수를 하고도 창피해하지 않는다.
그 사람은 잘못을 하고도 사과를 하지 않을 정도로 얼굴이 두꺼워.

③ 입이 무겁다

가: 이 얘기는 절대 아무에게도 하면 안 돼.
나: 걱정하지 마. 내 입이 얼마나 무거운데.

④ 입이 가볍다

가: 네가 지훈이를 좋아한다고 유진이한테 말해도 돼?
나: 안 돼. 걔는 입이 가벼워서 이 사람 저 사람한테 말하고 다닐 거야.

⑤ 귀가 얇다

가: 지영이가 그 가방을 샀어? 저번에는 별로라고 했는데.
나: 지영이가 귀가 얇거든. 판매원이 예쁘다고 하니까 바로 샀어.

7과 사고

학습목표 사고와 관련된 걱정과 경험을 말할 수 있다.

학습문법
-다가   -을 뻔했다   -을까 봐(서)

준비하기
사고가 난 적이 있습니까?
사고가 나면 어떻게 해야 합니까?

 ## 표현 알기

그림과 어울리는 표현을 찾아 문장을 완성해 봅시다.

| 구르다   끄다   데다   구하다   베다   치이다 |

(1) 손을 _____

(2) 발을 _____

(3) 차에 _____

(4) 계단에서 _____

(5) 물에 빠진 사람을 _____

(6) 불을 _____

기다리다가 눈이 빠질 뻔했어요

은주 왜 이렇게 늦었어요? 대니 씨를 기다리다가 눈이 빠질 뻔했어요.

대니 미안해요. 버스를 타면 늦을까 봐 택시를 탔는데 사고가 났어요.

은주 정말요? 대니 씨가 탄 차가 사고가 났어요?

대니 네, 제가 탄 택시가 우회전을 하다가 앞 차하고 부딪혔어요. 그래서 택시 기사하고 그 차의 운전사가 다퉜어요.

은주 어디 다친 데는 없어요?

대니 네, 좀 놀라기는 했지만 괜찮아요.

은주 큰일 날 뻔했네요. 그래도 다친 데가 없어서 다행이에요.

대니 그러게요. 많이 배고프지요? 우리 여기서 이러지 말고 점심을 먹으면서 이야기해요.

은주 네, 얼른 가요.

본문 확인하기	대니는 왜 택시를 탔어요? 대니는 왜 약속 시간에 늦었어요?
어휘와 표현	우회전 부딪히다 다투다 그래도 다행이다 얼른 사고가 나다 눈이 빠지다 다친 데 큰일(이) 나다

문법 알기

-다가

| 동사 | -다가 |

저녁을 먹다가 전화를 받았어요.
벽에 못을 박다가 망치로 손가락을 쳤어요.
어제 요리하다가 손을 베었어요.
아이가 엄마에게 뛰어가다가 넘어졌어요.

문법 익히기

1. <보기>와 같이 대화를 완성해 봅시다.

   <보기>
   가: 그 친구를 어디에서 만났어요?
   나: 집으로 <u>오다가</u> 길에서 우연히 만났어요. (오다)

   (1) 가: 이 명함을 어떻게 찾았어요?
       나: 책을 _____ 찾았어요. (읽다)

   (2) 가: 왜 벌써 일어났어요?
       나: 밖이 시끄러워서 _____ 깼어요. (자다)

   (3) 가: 어떻게 하다가 다쳤어요?
       나: 어제 계단을 뛰어서 _____ 넘어졌어요. (내려오다)

   (4) 가: 김 과장님은 지금 외출 중이세요?
       나: 네, 조금 전까지 _____ 거래처에 가셨어요. (일하다)

2. <보기>와 같이 대화를 완성해 봅시다.

<보기>
가: 왜 병원에 가세요?
나: 어제 등산하다가 발목을 조금 삐었어요.

(1) 가: 민재 씨는 왜 학교에 안 나와요?
    나: _____ 사고가 났어요.

(2) 가: 왜 감기에 걸렸어요?
    나: _____ 비를 맞았어요.

(3) 가: 이 지갑을 어떻게 찾았어요?
    나: _____ 옷장 밑에서 찾았어요.

(4) 가: 어떻게 제 생일을 기억하고 있었어요?
    나: _____ 생각이 났어요.

(5) 가: 왜 치과에 갔어요?
    나: _____ 이가 부러졌어요.

(6) 가: 창문이 왜 깨졌어요?
    나: _____ 깨뜨렸어요.

(7) 가: 왜 제 전화를 안 받았어요?
    나: _____ 휴대전화를 잃어버렸어요.

7과 사고

3. <보기>와 같이 자신의 경험을 이야기해 봅시다.

> <보기>
> 가: 제임스 씨는 다리를 다친 적이 있어요?
> 나: 네, 작년에 친구들과 농구를 하다가 다리를 다쳤어요. 마이클 씨는요?
> 가: 저는 고등학교 때 오토바이에 부딪혀서 다리를 다친 적이 있어요.

질문	나	친구
<보기> 다리를 다치다	농구를 하다가	오토바이에 부딪혀서
발목을 삐다		
발에 쥐가 나다		
접시를 깨뜨리다		
길을 잃다		
손을 데다		
눈에 멍이 들다		

4. <보기>와 같이 이야기해 봅시다.

<보기>

[질문] 요리를 하다가 손을 데었습니다. 어떻게 해야 해요?

[대답] 먼저 차가운 물로 손의 열을 식히세요. 상처가 심하지 않으면 화상 연고를 바르고 붕대를 감으면 돼요. 상처가 심하면 빨리 병원에 가서 치료를 받으세요. 병원에 가지 않으면 흉터가 남을 수도 있어요.

[질문] 뛰어가다가 넘어져서 무릎에 상처가 났습니다. 어떻게 해야 해요?

[대답]

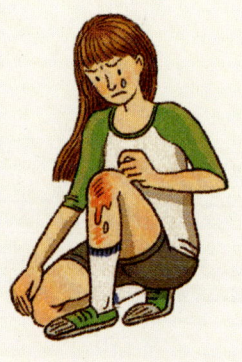

[질문] 계단을 내려오다가 발목을 삐었습니다. 어떻게 해야 해요?

[대답]

 7과 사고

문법 알기

| -을 뻔했다 | 동사 | -(으)ㄹ 뻔했다 |

배가 고파서 죽을 뻔했어요.
다른 사람한테 부딪혀서 커피를 쏟을 뻔했어요.
길이 미끄러워서 넘어질 뻔했어요.
영화가 너무 슬퍼서 여자 친구 앞에서 울 뻔했어요.

문법 익히기

1. <보기>와 같이 문장을 완성해 봅시다.

> <보기>
> 여행 중에 여권을 잃어버려서 <u>큰일 날 뻔했어요</u>. (큰일 나다)

(1) 버스가 갑자기 출발해서 _____ (넘어지다)

(2) 바람이 너무 세게 불어서 _____ (날아가다)

(3) 갑자기 등 뒤에서 큰 소리가 났어요. 너무 놀라서 _____ (기절하다)

(4) 공항에 가는데 길이 너무 막혀서 비행기를 _____ (놓치다)

(5) 무거운 짐을 옮기다가 허리를 _____ (다치다)

(6) 누가 쓰레기통에 불이 안 꺼진 담배를 버렸어요. 사무실에 _____
_____ (불이 나다)

2. <보기>와 같이 써 봅시다.

> **<보기>**
> 영화를 보다 / 너무 슬프다 / 울다
> → 영화를 보다가 너무 슬퍼서 울 뻔했어요.

(1) 지하철 안에서 책을 읽다 / 강남역에 도착한 것을 모르다 / 못 내리다

→ _____

(2) 바닥을 보고 걷다 / 맞은편에서 오는 사람을 못 보다 / 부딪히다

→ _____

(3) 운전을 하다 / 너무 졸리다 / 사고를 내다

→ _____

(4) 동생하고 싸우다 / 너무 화가 나다 / 동생을 때리다

→ _____

(5) 영화를 보다 / 너무 지루하다 / 잠들다

→ _____

(6) 도서관에서 공부하다 / 옆 사람이 자꾸 떠들다 / 싸우다

→ _____

(7) 수영을 하다 / 다리에 쥐가 나다 / 물에 빠지다

→ _____

(8) 밥을 먹다 / 생선 가시가 목에 걸리다 / 큰일 나다

→ _____

3. 기억에 남는 경험을 이야기해 봅시다.

<보기>

저는 어렸을 때 동물원에서 가족들을 잃어버릴 뻔했어요.
그때 무서워서 정말 많이 울었어요.
다행히 어떤 아저씨가 안내소로 데려다 줬어요. 거기서 방송을 해 줘서 부모님을 찾았어요.

상황	도움	결과
<보기> 동물원에서 가족을 잃어버릴 뻔했다.	어떤 아저씨가 안내소로 데려다 줬다.	부모님을 찾았다.
등산을 갔다가 길을 잃어버릴 뻔했다.	내려오는 등산객을 만났다.	
버스나 지하철에 가방을 놓고 내릴 뻔했다.		

 문법 알기

-을까 봐(서)   동사/형용사 -(으)ㄹ까 봐(서)

회의 시간에 늦을까 봐서 뛰어 왔어요.
부모님께서 걱정하실까 봐 말씀을 안 드렸어요.
표가 없을까 봐 미리 예매했어요.
음식이 부족할까 봐서 많이 하라고 했어요.
저녁에 추울까 봐 옷을 하나 더 가져왔어.

 문법 익히기

1. <보기>와 같이 대화를 완성해 봅시다.

<보기>
가: 이렇게 아프면서 왜 말을 안 했어요?
나: 걱정할까 봐 말을 못 했어요. (걱정하다)

(1) 가: 무슨 일이 있어요? 기분이 안 좋아 보여요.
　　나: 지갑을 못 _____ 걱정이 돼서 그래요. (찾다)

(2) 가: 커피 안 마셔요?
　　나: 밤에 잠이 안 _____ 저녁에는 커피를 잘 안 마셔요. (오다)

(3) 가: 시험 잘 봤어요?
　　나: 아니요, 공부를 안 해서 _____ 걱정이에요. (떨어지다)

(4) 가: 책은 왜 가지고 왔어요?
　　나: _____ 가지고 왔어요. (심심하다)

(5) 가: 왜 이렇게 일찍 와서 기다려요?
　　나: 공연을 앞에서 보고 싶은데 자리가 _____ 일찍 왔어요. (없다)

2. <보기>와 같이 대화를 완성해 봅시다.

> <보기>
>
> 가: 왜 이렇게 천천히 운전을 해요?
> 나: 사고가 날까 봐 천천히 운전을 해요.

(1) 가: 왜 우산을 가지고 왔어요?
　　나: _____

(2) 가: 왜 선생님께 거짓말을 했어요?
　　나: _____

(3) 가: 왜 이렇게 조금 먹어요? 좀 더 드세요.
　　나: _____

(4) 가: 왜 알람을 다섯 개나 맞춰요?
　　나: _____

(5) 가: 왜 냉장고에 음식을 넣었어요?
　　나: _____

(6) 가: 왜 모르는 곳에 가지 않아요?
　　나: _____

(7) 가: 왜 창문을 닫아요?
　　나: _____

(8) 가: 왜 혼자 사는 친구에게 고양이를 선물했어요?
　　나: _____

3. 고민을 말하는 친구에게 어떻게 말해 주면 좋을지 이야기해 봅시다.

> 가: 발표할 때 실수할까 봐 걱정이에요.
> 나: _____
>
> ① 걱정하지 말라고 이야기해 줍니다.
>   ㅇㅇ 씨는 잘할 수 있을 거예요. 너무 걱정하지 마세요.
>
> ② 좋은 방법을 이야기해 줍니다.
>   그러면 저랑 연습을 해 보는 게 어때요?

(1) 다음 주에 회사 면접을 보는데 떨어질까 봐 걱정이에요.

→ _____

→ _____

(2) 마음에 드는 남자/여자가 있는데 그 사람이 거절할까 봐 데이트 신청을 못 하겠어요.

→ _____

→ _____

(3) 머리를 염색하고 싶은데 안 어울릴까 봐 못 하겠어요.

→ _____

→ _____

4. 사고가 날까 봐 조심하는 일이 있습니까? <보기>와 같이 이야기해 봅시다.

<보기>

수영을 하기 전에 준비운동을 꼭 해요.

→ 수영을 하다가 다리에 쥐가 나서 죽을 뻔한 적이 있어요. 또 그런 일이 생길까 봐 지금은 수영을 하기 전에 준비운동을 꼭 해요.

(1) 에스컬레이터에서 뛰지 않아요.

(2) 교통신호를 잘 지켜요.

(3) 길거리에서 헤드폰을 끼고 음악을 듣지 않아요.

(4) 눈이 오는 날에는 운전을 하지 않아요.

듣기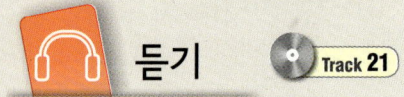

1 잘 듣고 맞으면 ○, 틀리면 X 를 표시하십시오.

(1) 교통사고 때문에 마을버스 승객들이 크게 다쳤다. (   )

(2) 승용차 운전자는 비 때문에 앞을 볼 수 없었다. (   )

2 들은 내용과 맞는 것을 고르십시오.

① 오늘 아침부터 비가 왔다.
② 승용차 운전자는 과속 운전을 했다.
③ 승용차가 갑자기 멈추면서 사고가 났다.
④ 경찰은 정확한 사고의 원인을 찾았다.

말하기

여러분은 사고를 경험한 적이 있습니까? <보기>와 같이 자신의 경험을 말해 봅시다.

<보기>

저는 지난달에 새로 산 하이힐을 신고 회사에 출근하다가 계단에서 넘어져서 왼쪽 발을 다쳤습니다. 처음엔 많이 아프지 않아서 시간이 지나면 괜찮아질 거라고 생각했습니다. 하지만 오후에 발이 많이 붓고 너무 아파서 일을 할 수 없을 정도였습니다. 그래서 회사에서 일을 하다가 병원에 갔습니다. 5주 동안 깁스를 하고 있다가 지난주에 풀었습니다.

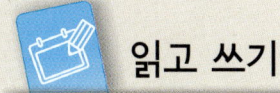 **읽고 쓰기**

1. 다음 글을 읽고 답해 봅시다.

> 어린이 안전사고의 대부분이 집에서 생긴다. 가구에 부딪치거나 미끄러져서 다치는 것이 가장 많다. 이러한 안전사고를 막기 위해서 욕실이나 베란다 등 물을 사용하는 곳에는 미끄럼 방지 스티커를 붙이는 것이 좋다. 또한 식탁에서 식사를 할 때에는 아이에게 맞는 의자를 사용해야 한다. 전기 콘센트에 젓가락을 꽂는 것도 자주 생기는 사고 중 하나다. 콘센트는 전기 안전 덮개로 막고, 문틈이나 창틈에 손가락이 끼이는 것을 막기 위해서는 손가락 보호대를 설치해야 한다.

(1) 집에서 생기는 어린이 안전사고에는 어떤 것들이 있습니까?

_____

(2) 안전사고를 막기 위해 어떤 일들을 해야 합니까?

_____

2. 다른 안전사고를 경험한 적이 있습니까? 사고를 막기 위해서는 어떻게 해야 합니까? 글을 써 봅시다.

 날개 달기

모둠을 만들어 게임을 해 봅시다.

<준비물> 주사위, 모둠 수만큼의 말

< 준비 > 모둠끼리 의논해서 각 칸의 지시 사항을 만듭니다. (예: 사고 경험을 말하세요.)

< 방법 > ① 순서를 정하고 주사위를 던져 해당하는 숫자 칸으로 말을 이동시킵니다
② 해당 칸의 지시 사항을 따른 후 다시 주사위를 던져 말을 이동시킵니다.
③ 분홍색 칸에서는 지름길을 선택할 수 있습니다. (하지 않아도 됩니다.)
④ 말이 먼저 집에 도착하는 모둠이 이깁니다.

< 주의 > • 폭탄이 걸리면 네 칸 뒤로 가야 합니다.
• 폭죽이 걸리면 주사위를 한 번 더 던질 수 있습니다.
• 숙제가 걸리는 모둠에게는 선생님이 숙제를 줍니다.
• 선물이 걸리는 모둠은 선물을 받을 수 있습니다.

 표현 넓히기

'부상이나 상처'와 관련된 표현입니다. 표현을 익혀 말해 봅시다.

① (예) 부상을/상처를 입다

교통사고가 나서 큰 부상을 입었다.
그 말을 듣고 마음에 상처를 입었다.

② 가벼운 부상/상처
심각한 부상/상처

가벼운 상처니까 연고를 바르고 밴드만 붙여도 돼요.
심각한 부상이 아니어서 정말 다행이다.

③ (예) 상처가 생기다/나다

상처가 난 곳에 물이 닿지 않도록 조심하세요.
고양이가 할퀴어서 아이 얼굴에 상처가 생겼다.

④ 상처가 낫다/아물다

이 연고를 바르면 상처가 빨리 낫는다고 해요.
마음의 상처가 아물려면 시간이 필요한 것 같다.

⑤ (예) 흉터가 남다

수술을 한 곳에 흉터가 남았다.
상처가 난 곳을 긁으면 흉터가 남을 수도 있어요.

8과 교통

학습목표 교통과 관련된 표현을 사용하여 말할 수 있다.

학습문법
-잖아요   -느라고   -을 텐데

준비하기
어떤 교통수단을 주로 이용합니까?
표지판을 보고 길을 찾아가 본 적이 있습니까?

표현 알기

교통과 관련된 표현을 알아봅시다.

대중교통 이용하기

단말기에 교통 카드를 대다
교통 카드를 찍다
교통 카드를 충전하다

버스전용차선을 달리다
환승할인이 되다

교통 주의 표지판

도로공사중

야생동물보호

어린이 보호

미끄러운 도로

지하철은 막히지 않고 빠르잖아요

왕강 여보세요?

소연 왕강 씨, 어디예요? 왜 아직 안 와요?

왕강 아, 맞다!

소연 약속을 잊어버렸어요? 오늘 한강공원에서 만나기로 했잖아요.

왕강 미안해요. 제가 컴퓨터 게임을 하느라고 약속을 잊어버렸어요.

소연 아까부터 모두 왕강 씨를 기다리고 있어요.

왕강 정말 미안해요. 지금 출발해도 늦을 텐데 어떡하죠? 택시를 타야 할까요?

소연 길이 막힐 수 있으니까 택시보다는 지하철을 타는 게 좋겠어요. 지하철은 막히지 않고 빠르잖아요.

왕강 알겠어요. 금방 출발할게요. 미안해서 어떡하지요? 제가 이따가 맛있는 점심을 살게요. 잠깐만 기다려 주세요.

본문 확인하기	소연은 왜 왕강에게 전화를 걸었어요? 왕강은 무엇을 타고 약속 장소에 가요?
어휘와 표현	아까 맞다! 알겠어요

8과 교통

 문법 알기

-잖아요

동사 형용사	현재	-잖아요
	과거	-았/었/였잖아요
(명사) 이다	현재	(이)잖아요
	과거	이었/였잖아요

일찍 주무세요. 내일 새벽에 출발해야 하잖아요.

가: 어디 가요?
나: 공원에 산책하러 가요. 날씨가 정말 좋잖아요.

가: 어디야? 2시에 만나기로 했잖아.
나: 늦어서 정말 미안해.

 문법 익히기

1. <보기>와 같이 문장을 완성해 봅시다.

> <보기>
> 텔레비전 소리 좀 줄여요. 너무 <u>시끄럽잖아요</u>. (시끄럽다)

(1) 지하철을 타고 갑시다. 이 시간에는 길이 많이 _____ (막히다)

(2) 저는 점심을 조금만 먹을래요. 배가 부르면 _____ (졸리다)

(3) 소연 씨 생일 선물로 책을 사는 게 어때요? 소연 씨가 책을 _____ (좋아하다)

(4) 이제 그만 집에 가요. 내일도 일찍 _____ (출근해야 되다)

(5) 저녁을 안 먹었어요? 회식을 _____ (한다고 하다)

(6) 아직 안 나갔어? 저녁에 약속이 _____ (있다고 하다)

2. <보기>와 같이 대화를 완성해 봅시다.

<보기>

앤디와 밍밍은 같은 반 친구입니다. 다음 주에 시험이 있습니다.

앤디: 밍밍 씨, 우리 이번 주말에 같이 소풍 갈래요?
밍밍: 소풍요? 안 돼요. <u>다음 주에 시험이 있잖아요.</u>

(1) 왕강과 민재는 지난달에 같이 강화도로 여행을 갔다 왔습니다.

왕강: 민재 씨, 우리 이번 주에 같이 강화도로 놀러 갈까요?
민재: 또요? _____

(2) 지난주에 정훈은 은주의 친구인 한나를 처음으로 만났습니다.

은주: 다음 달에 한나가 결혼을 한다고 해요.
정훈: 누구요?
은주: 기억 안 나요? _____

(3) 어머니가 예전에 새 가방이 필요하다고 말한 적이 있습니다.

동생: 언니, 이번 엄마 생일에 선물을 뭘로 할까?
소연: 글쎄, 가방을 사면 어떨까? _____

(4) 아침에 비가 올 것 같아서 소연의 어머니는 소연에게 우산을 가져가라고 이야기를 했습니다.

소연 : 갑자기 비가 왔는데 우산이 없어서 옷이 다 젖었어요.
어머니: 우산 안 가져갔어? _____

(5) 마리엔은 대니와 오늘 3시에 만나기로 했습니다. 그런데 대니가 약속 시간에 안 나왔습니다. 마리엔이 대니에게 전화를 합니다.

마리엔: 대니 씨, 어디에 있어요?
대니 : 저 집에 있어요.
마리엔: 네? _____

3. <보기>와 같이 이야기해 봅시다.

> **<보기>**
>
> 다음 주에 친구들하고 같이 여행을 갑니다.
>
> 가 평소에 등산을 자주 합니다. 그래서 설악산에 가서 등산을 하고 싶습니다.
> 나 온천에 가서 편안하게 쉬고 싶습니다.
>
> 가: 여행을 어디로 갈까요?
> 나: 저는 온천에 가고 싶어요.
> 가: 온천요? 온천도 좋지만 저는 설악산에 가서 등산을 했으면 좋겠어요.
> 나: 등산은 힘들잖아요. 온천에 가면 편안하게 쉴 수 있어요. 온천에 가요.
> 가: 온천에 가면 심심하잖아요. 산에 가서 아름다운 경치를 보면 기분이 전환될 거예요.

(1) 룸메이트하고 같이 텔레비전을 봅니다.

  가 오늘 좋아하는 야구팀의 경기가 있어서 그 경기를 보고 싶습니다.
  나 꼭 보고 싶은 드라마가 있습니다. 오늘 방송할 부분이 아주 재미있을 것 같습니다.

(2) 동생하고 같이 어머니의 생일 선물을 하려고 합니다.

  가 어머니가 갖고 계신 시계가 오래돼서 시계를 선물하는 것이 좋다고 생각합니다.
  나 어머니가 마음에 드는 물건을 직접 고를 수 있게 상품권을 드리고 싶습니다.

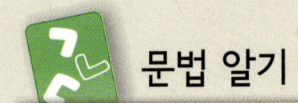 문법 알기

-느라고   동사   -느라고

집에서 나오기 전에 전화를 받느라고 버스를 놓쳤어요.
추석 때 언니는 엄마가 요리하는 것을 돕느라고 바빴어요.
어젯밤에 영화를 보느라고 숙제를 못했어요.
아이들이 노느라고 간식을 먹는 것도 잊어버렸어요.

 문법 익히기

1. <보기>와 같이 대화를 완성해 봅시다.

<보기>
가: 왜 잠을 못 잤어요?
나: 친구와 이야기하느라고 잠을 못 잤어요. (친구와 이야기하다)

(1) 가: 왜 지금 점심을 먹어요?
    나: 수업을 _____ 점심을 아직 못 먹었어요. (듣다)

(2) 가: 지난 주말에 친구들이랑 놀이공원에 갔어요?
    나: 아니요, 친구가 이사하는 것을 _____ 못 갔어요. (도와주다)

(3) 가: 살이 많이 빠지셨네요.
    나: 네, 아이를 _____ 힘들어서요. (돌보다)

(4) 가: 어떻게 지냈어요?
    나: 요즘 회사 생활에 _____ 힘들었어요. (적응하다)

2. <보기>와 같이 대화를 완성해 봅시다.

<보기>
가: 전화를 여러 번 했는데 왜 안 받았어요?
나: <u>회의를 하느라고</u> 전화를 못 받았어요.

(1) 가: 많이 피곤해 보여요. 무슨 일이 있어요?
　　나: _____ 밤에 잠을 못 잤어요.

(2) 가: 약속 시간이 지났는데 왜 안 와요?
　　나: 미안해요. _____ 약속을 잊어버렸어요.

(3) 가: 제가 불렀는데 왜 대답을 안 했어요?
　　나: _____ 부르는 소리를 못 들었어요.

(4) 가: 요즘 결석을 자주 하네요. 무슨 일이 있어요?
　　나: _____ 바빴어요.

(5) 가: 오늘 왜 수업에 늦었어?
　　나: _____ 늦게 잤어.

(6) 가: 요즘 왜 이렇게 바빠요?
　　나: _____ 정신이 없어요.

(7) 가: 벌써 용돈을 다 썼어?
　　나: _____ 용돈을 다 써 버렸어.

3. <보기>와 같이 이야기해 봅시다.

밤을 새운 적이 있어요?

- 재미있는 책을 읽느라고 밤을 새운 적이 있어요.
- 친구하고 통화하느라고 밤을 새웠어요.

(1) 약속을 잊어버린 적이 있어요?

(2) 학교나 회사에 지각한 적이 있어요?

(3) 숙제를 못 한 적이 있어요?

(4) 버스나 지하철을 놓친 적이 있어요?

4. <보기>와 같이 이야기해 봅시다.

<보기>

가 친구하고 1시에 영화를 보기로 했습니다. 그런데 약속 시간에 20분 정도 늦었습니다. 친구에게 늦은 이유를 말하고 사과하세요.

나 친구하고 1시에 영화를 보기로 했습니다. 그런데 친구가 20분 정도 늦어서 화가 났습니다. 친구에게 사과를 받으세요.

가: 미안해요. 제가 많이 늦었지요?
나: 왜 이렇게 늦었어요? 20분이나 늦어서 1시 영화를 볼 수 없잖아요.
가: 정말 미안해요. 집에서 나올 때 외국에 있는 언니한테서 전화가 왔어요. 그래서 그 전화를 받고 오느라고 늦었어요.

(1) 가 지난주에 쓰기 숙제가 있었는데 잊어버리고 숙제를 안 해 왔습니다. 선생님에게 숙제를 못 한 이유를 말하세요.

나 선생님입니다. 학생이 숙제를 안 해 왔습니다. 숙제를 안 해 온 이유를 물어보고 꼭 해야 하는 이유를 말해 주세요.

(2) 가 주말에 친구들과 여행을 가기로 했는데 회사에 갑자기 일이 생겨서 갈 수 없게 됐습니다. 친구들에게 여행을 가지 못하는 이유를 말해 주세요.

나 친구가 여행을 가지 못하는 이유를 물어보세요.

(3) 가 친구에게 책을 빌렸습니다. 오늘 주기로 했는데 잊어버리고 안 가지고 왔습니다. 책을 안 가지고 온 이유를 말하고 친구에게 사과하세요.

나 친구가 오늘 책을 주기로 했는데 안 가져왔다고 합니다. 이유를 물어보고 사과를 받으세요.

 문법 알기

-을 텐데

동사 형용사	-(으)ㄹ 텐데
(명사)이다	일 텐데

그 커피숍은 9시에 문을 닫을 텐데 다른 곳으로 가요.

길이 막힐 텐데 일찍 출발하는 게 어때요?

마리엔 씨도 시간이 될 텐데 한번 연락해 봐요.

수지 씨는 수업 중일 텐데 조금 이따가 전화해 보세요.

김 선생님은 지금 안 계실 텐데.

회사 일이 바빠서 내일은 출근해야 해요. 하루 더 쉬면 좋을 텐데.

 문법 익히기

1. <보기>와 같이 문장을 완성해 봅시다.

<보기>
혼자 이사하기 힘들 텐데 우리가 가서 도와줄까요? (힘들다)

(1) 내일 야구 경기가 _____ 같이 보러 갈래요? (재미있다)

(2) _____ 그냥 텔레비전으로 보는 게 어때요? (표가 없다)

(3) 점심시간이라서 병원이 _____ 먼저 전화해 보세요. (진료를 안 하다)

(4) 주말이라 영화관에 사람이 _____ 영화는 다음에 봐요. (많다)

(5) 대니 씨가 여행을 못 간다고 했어요. 대니 씨도 같이 가면 _____ (좋다)

8과 교통

2. <보기>와 같이 대화를 완성해 봅시다.

> <보기>
>
> 정훈: 은주 씨, 이번 주말에 야외로 놀러 갈까요?
> 은주: 좋아요. 그럼 바다를 보러 가요.
> 정훈: 바닷가는 아직 추울 텐데 산으로 가는 게 어때요?

(1) 수지: 우리 지난주 숙제가 뭐였지요?

   왕강: 어? 잘 모르겠어요.

   수지: 찰스 씨한테 전화해 볼까요?

   왕강: _____

(2) 대니 : 오늘 저녁에 연극 보러 가기로 한 거 잊지 않았지요?

   마리엔: 그럼요. 정훈 씨도 그 연극에 관심이 있는 거 같은데 같이 가자고 할까요?

   대니 : _____

   마리엔: 그래요? 그럼 우리끼리 가요.

   대니 : 여섯 시에 집 앞으로 데리러 갈게요. 준비하고 나와요.

   마리엔: 차로 가려고요?

(3) 은주: 여보세요? 대니 씨, 마리엔 씨 만났어요? 저는 회사 일이 아직 안 끝나서 약속에 좀 늦을 거 같아요. 미안해요.

   대니: 방금 마리엔 씨를 만났어요. 은주 씨가 올 때까지 기다릴게요.

   은주: 아니에요. _____

3. <보기>와 같이 이야기해 봅시다.

<보기>

"이번 주말에 등산을 가기로 했는데 무엇을 가져가야 되지요?"

- 목이 마를 텐데 물을 꼭 가져가세요.
- 땀을 많이 흘릴 텐데 손수건을 꼭 가져가세요.

(1) "이사할 집을 찾고 있습니다. 회사에서 좀 멀지만 새집이 좋을까요? 오래됐지만 회사에서 가까운 집이 좋을까요?"

(2) "졸업을 하고 취직을 할지 아니면 대학원에 갈지 고민하고 있어요. 공부를 하고 싶기는 하지만 대학원 등록금이 비싸서 힘들 것 같아요."

(3) "지금 다니는 회사가 저하고 잘 안 맞는 것 같아요. 다른 직장으로 옮기고 싶지만 새로운 직장을 찾기가 어려울 것 같아서 고민입니다."

4. <보기>와 같이 이야기해 봅시다.

> <보기>
>
> 시험이 어렵다 / 아르바이트를 하다
> 수업을 열심히 들었다
>
> 가: 시험이 어려울 텐데 아르바이트를 하느라고 준비를 많이 못했어요.
> 나: 너무 걱정하지 마세요. 그동안 수업을 열심히 들었잖아요.

(1) 내가 약속을 못 지켜서 마리엔 씨가 화가 났다 / 회의를 하다
　　마리엔 씨는 이해심이 많다

(2) 친구 결혼식에 못 가면 친구가 서운해하다 / 출장을 가다
　　출장을 가서 멋진 선물을 사 오면 된다

(3) 이사할 집을 구하기가 어렵다 / 일을 하다
　　인터넷으로 집을 찾아보면 된다

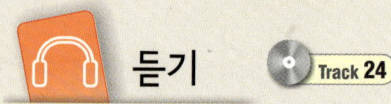 듣기

1 잘 듣고 맞으면 ○, 틀리면 X 를 표시하십시오.

(1) 여자는 지금 약속 장소에 있다.　　　(　　)
(2) 길에서 사고가 나서 길이 많이 막힌다.　　　(　　)

2 들은 내용과 다른 것을 고르십시오.

① 남자는 여자 집 쪽으로 가고 있다.
② 남자는 10시가 넘어야 회사 앞에 도착할 것이다.
③ 두 사람은 회사 앞에서 다른 사람들을 만나기로 했다.
④ 남자와 여자는 만나서 함께 회사 앞으로 갈 것이다.

 말하기

나라마다 다양한 교통수단이 있습니다. 여러분 나라의 교통수단을 소개해 봅시다.

준비하기　❶ 자기 나라의 교통수단을 종류별로 생각해 봅니다.
　　　　　❷ 특이한 교통수단을 중심으로 특징과 이용 방법, 요금 등을
　　　　　　 생각해 봅니다.

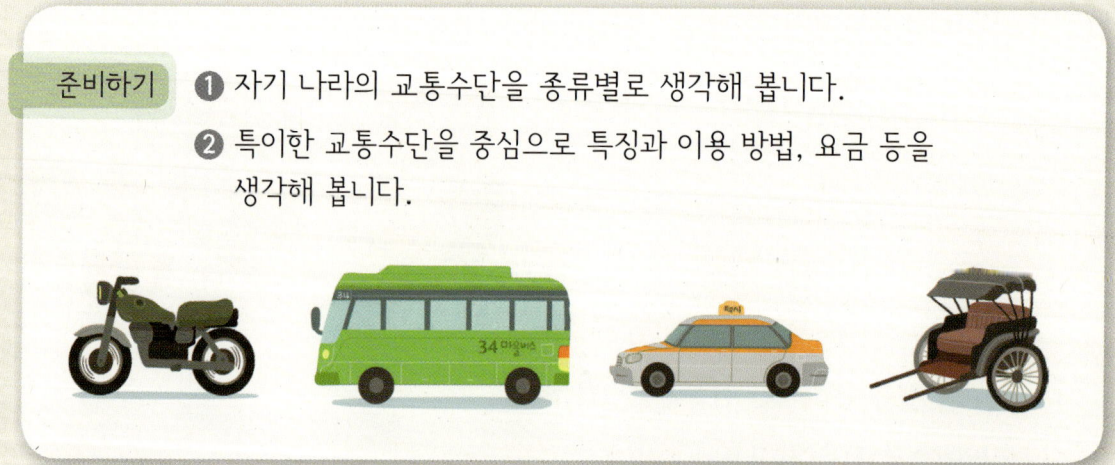

 읽고 쓰기

① 다음 글을 읽고 답해 봅시다.

최근에는 자가용을 이용하는 사람이 점점 많아지고 있다. 그래서 직장인들이 출퇴근하는 시간에 길이 많이 막히고 복잡하다. 이러한 교통 문제를 해결하기 위해서 한국에서는 버스전용차로제를 실시하고 있다. 이 제도로 대중교통을 이용하는 승객들은 이동하는 시간을 줄일 수 있다. 버스전용차로는 도로 가운데에 설치하는 것이 일반적이다. 대부분의 경우에는 버스만 통행할 수 있지만 여러 사람이 탄 차는 통행할 수 있는 경우도 있다.

(1) 버스전용차로는 왜 만들었습니까?
_____

(2) 버스전용차로제는 어떤 점이 좋습니까?
_____

② 버스전용차로제의 장점과 단점이 무엇이라고 생각합니까? 글을 써 봅시다.

 **날개 달기**

한 달 동안 친구와 해외 배낭여행을 하려고 합니다. 무엇을 타고 어디에 가겠습니까? 여행지마다 어떻게 이동할지 교통수단을 정해 보십시오.

❶ 먼저 세계지도를 보고 친구와 같이 여행지를 선택합니다.
 (한 달 여행이니까 여러 나라를 선택해 봅시다.)

❷ 여행 경로를 짭니다.

❸ 여행 장소로 이동하거나 여행지에서 이용할 교통수단에 대해 이야기합니다.

❹ 발표를 합니다.

표현 넓히기

'길'과 관련된 다양한 표현입니다. 표현을 익혀 말해 봅시다.

① 길이 꽉 막히다

출근길에 사고가 나서 길이 꽉 막혔다.
설 연휴에는 고향에 가려는 사람이 많아서 고속도로가 꽉 막힌다.

② 길이 한산하다

밤이 되니까 길이 한산해졌다.
추석 연휴에는 많은 사람들이 서울을 빠져나가 길이 한산하다.

③ 차량 통행이 통제되다

시청 광장에서 행사가 있어 차량 통행이 통제됩니다.
차량 통행이 통제된다고 하니까 다른 길을 찾아봅시다.

④ 교통 체증을 피하다

교통 체증을 피하려면 대중교통을 이용하는 것이 좋습니다.
심한 교통 체증을 피하려고 다른 길로 돌아서 갑니다.

⑤ (차량이) 거북이걸음을 하다

길이 미끄러워서 차량들이 거북이걸음을 하고 있다.
출퇴근길에 운전을 하면 거북이걸음을 하게 된다.

열린 한국어 중급 1

연습문제 정답
듣기 대본
어휘 색인

연습문제 정답

제1과 한국 생활

 **문법 익히기**

-는 데다가

p.13 1. (1) 수지 씨는 예쁜 데다가 똑똑해요.
(2) 라면은 맛있는 데다가 값도 싸요.
(3) 소연 씨는 열이 나는 데다가 기침도 많이 해요.
(4) 민재 씨는 운동을 잘하는 데다가 성격도 좋아요.
(5) 제주도는 경치가 아름다운 데다가 사람들도 친절해요.

-기는 하지만

p.15 1. (1) 피곤하기는 하지만 오늘까지 이 일을 해야 해요.
(2) 사랑하기는 하지만 결혼할 수 없어요.
(3) 아이스크림이 맛있기는 하지만 건강에 안 좋아요.
(4) 한국 노래를 알기는 하지만 부르지 못해요.
(5) 얼굴이 예쁘기는 하지만 성격이 안 좋아요.

-게 되다

p.18 1. (1) 운동을 못 하게 됐어요. (2) 지각을 안 하게 됐어요.
(3) 일찍 일어나게 됐어요. (4) 예 술을 자주 마시게 됐어요.
(5) 예 한국 문화를 좋아하게 됐어요.

-기 위해서

p.21 1. (1) 사기 위해서 (2) 빼기 위해서
(3) 보호하기 위해서 (4) 받기 위해서

 ## 듣기

p.24 1. ④ 2. ①

 ## 읽고 쓰기

p.25 1. (1) 한국 드라마도 자주 보고 뉴스도 듣는다.
(2) 건강해진 데다가 친구도 많이 사귀게 되었다.

제2과 건강

 ## 문법 익히기

간접화법(1) 평서문

p.33 1. (1) 회사원이라고 해요. / 다닌다고 해요. / 재미있다고 해요.
(2) 공부했다고 해요. / 볼 거라고 해요.
(3) 좋아한다고 해요. / 다녀왔다고 해요. / 여행 갈 거라고 해요.

p.34 2. (1) 안 좋다고 해요 / 잘 된다고 해요 / 먹는다고 해요
(2) 좋다고 해요 / 아름답다고 해요 / 여러 곳이라고 해요 / 많다고 해요

간접화법(1) 의문문

p.38 1. (1) 언제까지냐고 (2) 닫았냐고 (3) 없냐고
(4) 바쁘냐고 (5) 몇 살이냐고 (6) 사냐고

p.39 2. (1) 친구가 무슨 책을 읽냐고 물었어요.
(2) 후배가 주말에 영화 볼 거냐고 물었어요.
(3) 친구가 언제부터 태권도를 배웠냐고 물었어요.
(4) 동료가 요즘 스트레스 받는 일이 있냐고 물었어요.
(5) 환자가 의사 선생님께 꼭 깁스를 해야 하냐고 물었어요.
(6) 선생님께서 우리한테 시험이 어려웠냐고 물으셨어요.
(7) 동료가 저 신입 사원 이름이 뭐냐고 물었어요.
(8) 친구가 빌린 책을 다음 주에 돌려줘도 괜찮냐고 물었어요.

 듣기

p.42 1. ③   2. ②

 읽고 쓰기

p.43 1. (1) 따뜻한 물과 비타민 C를 충분히 섭취하는 것이 좋다.
         (2) 몸을 따뜻하게 만들어 준다.

제3과 직장 생활

 문법 익히기

-는 게 어때요?

p.49 1. (1) 먹는 게 어때요?   (2) 맞추는 게 어때요?
         (3) 물어보는 게 어때요?   (4) 써 보는 게 어때요?

-는 게 좋겠어요

p.51 1. (1) 등산하는 게 좋겠어요.　　(2) 가는 게 좋겠어요.
　　　　(3) 걷는 게 좋겠어요.　　　　(4) 쉬는 게 좋겠어요.

-거든요

p.53 1. (1) 있거든요.　　　　　　　(2) 잘 봤거든요.
　　　　(3) 만나기로 했거든요.　　　(4) 고향 친구거든요.

-도록 하다

p.56 1. (1) 전달하도록 하세요.　(2) 보내도록 하세요.　(3) 주의하도록 하세요.

p.57 2. (1) 자리를 양보하도록 합시다.
　　　　(2) 아껴 쓰도록 합시다.
　　　　(3) 주차하지 않도록 합시다.
　　　　(4) 휴대전화를 끄도록 합시다.

듣기

p.60 1. ③　　　　　　　　　　　　2. ③

읽고 쓰기

p.61 1. (1) 신입사원
　　　　(2) 모든 일에 최선을 다하는 것

제4과 모임

문법 익히기

간접화법(3) 명령문

p.68　1. (1) 수업에 못 오면 미리 연락해 달라고 하셨어요.
　　　　(2) 비가 오니까 우산을 가져가라고 했어요.
　　　　(3) 밥을 먹고 30분 후에 약을 먹으라고 했어요.
　　　　(4) 회의 준비를 열심히 하라고 하셨어요.
　　　　(5) 음악 소리를 좀 줄여 달라고 했어요.
　　　　(6) 담배를 피우지 말라고 했어요.

p.69　2. (1) 약을 먹고 푹 쉬라고 하셨어요.
　　　　(2) 따뜻한 물을 많이 마시라고 하셨어요.
　　　　(3) 커피나 녹차는 카페인이 있으니까 마시지 말라고 하셨어요.
　　　　(4) 약은 밥을 먹고 30분 후에 먹으라고 하셨어요.
　　　　(5) 피곤하면 감기가 잘 낫지 않으니까 무리하지 말라고 하셨어요.
　　　　(6) 약을 먹고 안 나으면 3일 후에 다시 오라고 하셨어요.

간접화법(4) 청유문

p.72　1. (1) 선생님을 뵈러 가자고 했어요.　　(2) 오늘 가지 말자고 했어요.
　　　　(3) 같이 사진을 찍자고　　　　　　　(4) 송별회를 하자고 하셨어요.

듣기

p.76　1. ③　　　　　　　　　　　　　2. ②

읽고 쓰기

p.77 1. (1) 너무 늦게 기차표를 예매해서 표가 없었다.
         (2) 버스나 지하철을 이용하는 것이 좋다.

제5과 여가

문법 익히기

-을 만하다

p.83 1. (1) 볼 만해요. / 볼 만했어요.   (2) 가 볼 만해요.
         (3) 살 만해요.   (4) 들을 만해요.

-더라고요

p.86 1. (1) 싸지 않더라고요.   (2) 많더라고요.
         (3) 복잡하더라고요.   (4) 잘 부르더라고요.
         (5) 막히더라고요.

p.89 4. 조용하더라고요   많더라고요   맛있더라고요
         가깝더라고요   데이트하더라고요

-을 걸 그랬어요

p.90 1. (1) 돈을 아껴 쓸 걸 그랬어요.   (2) 높은 구두를 신지 말 걸 그랬어요.
         (3) 일찍 잘 걸 그랬어요.   (4) 공부를 할 걸 그랬어요.
         (5) 우산을 가져올 걸 그랬어요.   (6) 커피를 많이 마시지 말 걸 그랬어요.

 듣기

p.94　1. (1) X　(2) O　　　　　　　　2. ③

 읽고 쓰기

p.95　1. (1) 여행
　　　　(2) 돈 때문에

제6과 외모와 성격

 문법 익히기

반말

p.102　1. (1) 와.　　　　　　　(2) 늦을 거야. / 늦게 들어갈 거야.
　　　　(3) 먹을 거야.　　　　(4) 돌아 와. / 돌아와야 해.
　　　　(5) 빌려 줄게.　　　　(6) 먹자.
　　　　(7) 운전힐게.

p.103　2.　○○야, 안녕? 나는 열린한국어교실에서 공부한 제임스야. 그동안 잘 지냈어?
　　　　고향에 돌아온 지 벌써 6개월이 지났어. 나는 직장에 취직해서 일을 하고 있어.
　　　　여기 생활도 좋지만 가끔 한국에서 공부할 때가 생각이 나. 여기 날씨는 매우 더워.
　　　　한국은 겨울이니까 눈이 많이 왔겠네.
　　　　○○야, 시간이 있으면 반 친구들과 함께 내 고향에 한번 놀러 와. 내가 맛있는
　　　　음식도 사 주고 아름다운 경치도 구경시켜 줄게.
　　　　그럼, 건강하게 지내. 다음에 또 연락할게.

-는 편이다

p.105 1. (1) 싼 편이에요. (2) 출근하는 편이에요.
           (3) 먼 편이에요. (4) 오는 편이에요.
           (5) 더운 편이에요.

p.106 1. (1) 높은 편이에요. (2) 먼 편이에요.
           (3) 빨리 먹는 편이에요. (4) 운동을 즐기는 편이에요.
           (5) 부지런한 편이에요.

-을 정도

p.108 1. (1) 쓰러질 정도로 (2) 날아갈 정도로
           (3) 착각할 정도로 (4) 걸을 수 있을 정도로 / 걸으실 수 있을 정도로

듣기

p.112 1. (1) X (2) X   2. ①

읽고 쓰기

p.113 1. (1) 한국 연수 프로그램에 선발되어서 한국에 오게 되었다.
           (2) 머리가 많이 길었고 살이 빠졌다.

제7과 사고

 **문법 익히기**

-다가

p.119 1. (1) 읽다가 (2) 자다가
  (3) 내려오다가 (4) 일하다가/일하시다가

-을 뻔하다

p.123 1. (1) 넘어질 뻔했어요. (2) 날아갈 뻔했어요.
  (3) 기절할 뻔했어요. (4) 놓칠 뻔했어요.
  (5) 다칠 뻔했어요. (6) 불이 날 뻔했어요.

p.124 2. (1) 지하철 안에서 책을 읽다가 강남역에 도착한 것을 몰라서 못 내릴 뻔했어요.
  (2) 바닥을 보고 걷다가 반대편에서 오는 사람을 못 봐서 부딪힐 뻔했어요.
  (3) 운전을 하다가 너무 졸려서 사고를 낼 뻔했어요.
  (4) 동생하고 싸우다가 너무 화가 나서 동생을 때릴 뻔했어요.
  (5) 영화를 보다가 너무 지루해서 잠들 뻔했어요.
  (6) 도서관에서 공부하다가 옆 사람이 자꾸 떠들어서 싸울 뻔했어요.
  (7) 수영을 하다가 다리에 쥐가 나서 물에 빠질 뻔했어요.
  (8) 밥을 먹다가 생선 가시가 목에 걸려서 큰일 날 뻔했어요.

-을까 봐(서)

p.126 1. (1) 찾을까 봐 (2) 올까 봐 (3) 떨어질까 봐
  (4) 심심할까 봐 (5) 없을까 봐

162 열린한국어

듣기

p.130   1. (1) X   (2) X   2. ③

읽고 쓰기

p.131   1. (1) 가구에 부딪치거나 미끄러져 다치는 사고, 전기 콘센트에 젓가락을 꽂는 사고, 문틈이나 창틈에 손가락이 끼이는 사고

(2) 미끄럼 방지 스티커 붙이기, 아이에게 맞는 의자를 사용하기, 전기 안전 덮개로 콘센트 막기, 문틈이나 창틈에 손가락 보호대 설치하기

제8과 교통

문법 익히기

-잖아요

p.137   1. (1) 막히잖아요.   (2) 졸리잖아요.
        (3) 좋아하잖아요.   (4) 출근해야 되잖아요.
        (5) 한다고 했잖아요.   (6) 있다고 했잖아요.

-느라고

p.140   1. (1) 듣느라고   (2) 도와주느라고
        (3) 돌보느라고   (4) 적응하느라고

-을 텐데

p.144   1   (1) 재미있을 텐데   (2) 표가 없을 텐데
            (3) 진료를 안 할 텐데   (4) 많을 텐데
            (5) 좋을 텐데.

듣기

p.148   1. (1) X   (2) O   2. ④

읽고 쓰기

p.149   1. (1) (길이 많이 막히고 복잡한) 교통문제를 해결하기 위해서
          (2) 대중교통을 이용하는 승객들이 이동하는 시간을 줄일 수 있다.

듣기 대본

1과

남자 벌써 점심시간이네요. 오늘은 뭘 먹을까요?
여자 비가 오니까 김치찌개를 먹을까요?
남자 마리엔 씨는 김치를 잘 먹어요? 안 매워요? 저는 매워서 김치를 못 먹어요.
여자 저도 처음에는 김치를 잘 못 먹었어요. 김치가 조금 맵기는 하지만 자주 먹으니까 지금은 잘 먹게 됐어요.
남자 그래요? 다른 한국 음식도 좋아해요? 저는 한국 음식이 매운 데다가 짜서 잘 안 먹어요.
여자 맵거나 짜지 않은 음식도 많아요. 저는 한국 음식을 좋아해서 집에서도 자주 만들어 먹어요.
남자 와! 한국 음식을 만들 줄 알아요? 만들기가 어렵지 않아요?
여자 조금 어렵기는 하지만 _____

2과

남자 어머, 마리엔 씨! 안녕하세요? 오랜만이에요. 잘 지냈어요?
여자 네, 진호 씨도 잘 지냈어요? 새로 들어간 회사는 어때요?
남자 저도 잘 지냈어요. 회사는 사람들이 좋아서 마음에 들어요.
여자 그래요? 잘됐네요. 참, 진호 씨, 어제 미영 씨를 봤어요. 어제 친구랑 같이 명동에 갔는데 길에서 우연히 미영 씨를 만났어요. 반가워서 제가 먼저 인사를 했어요.
남자 그래요? 미영 씨는 그동안 어떻게 지냈다고 해요?
여자 교통사고가 나서 병원에 있었다고 해요.
남자 정말요? 많이 다쳤다고 해요?
여자 다행히 많이 다치지는 않았고 지금은 다 나았다고 해요. 건강해 보였어요. 참, 미영 씨가 진호 씨도 잘 지내냐고 물어봤는데 진호 씨하고 연락이 안 돼서 모른다고 했어요. 그런데 오늘 진호 씨를 만났네요.
남자 그러고 보니까 미영 씨 얼굴을 본 지도 꽤 오래됐네요. 예전에 같이 회사 다닐 때는 정말 친하게 지냈는데…….
여자 조만간에 한번 연락해서 다 같이 만나요.
남자 _____

166 열린한국어

3과

Track 09

직원1 여러분, 다음 달 초에 신제품 발표회가 있습니다. 사장님께 발표회 일정을 보고했는데, 장소를 다른 곳으로 바꾸는 것이 좋겠다고 하셨습니다. 여러분들의 의견을 듣고 싶습니다. 좋은 장소를 추천해 주시기 바랍니다.

직원2 좀 특별한 곳에서 하면 좋겠습니다.

직원3 우리 제품 이미지를 생각해서 호텔에서 하는 게 어떻습니까?

직원2 호텔도 괜찮기는 하지만 미술관도 우리 제품과 잘 어울릴 것 같아요. 다른 회사들도 보통 신제품이 나오면 호텔에서 발표회를 하거든요. 우리는 좀 다르게 하는 게 좋겠습니다.

직원3 음……. 좋은 생각이네요. 특히 열린미술관은 위치와 분위기 모두 적당한 것 같습니다.

직원1 또 다른 의견이 있습니까? (잠시 후) 다른 의견이 없으면 이번 신제품 발표회는 열린미술관에서 하기로 합시다. 사장님께 그렇게 보고하겠습니다.

직원들 네, 좋습니다.

4과

Track 12

여자 여보세요? 왕강 씨, 저 수지예요.

남자 아, 수지 씨.

여자 왕강 씨, 몸은 좀 괜찮아요?

남자 네, 약을 먹고 잠을 자니까 괜찮아졌어요.

여자 왕강 씨가 오늘 수업에 안 와서 선생님께서 무슨 일이 있냐고 하셨어요. 그래서 제가 감기에 걸렸다고 했어요.

남자 아, 그래요? 고마워요.

여자 선생님께서 일요일에 여의도에 가자고 하셨어요.

남자 여의도요? 왜요?

여자 여의도에서 불꽃놀이 축제를 한다고 같이 보러 가자고 하셨어요.

남자 정말요? 저도 보고 싶었는데 잘됐네요.

여자 같이 갈 사람은 7시까지 여의도역으로 오라고 하셨어요. 늦을 것 같은 사람은 미리 전화를 해 달라고 하셨어요.

남자 네. 전화해 줘서 고마워요.

여자 아니에요. 그럼 일요일에 봐요.

남자 네. 일요일에 만나요.

듣기 대본 167

5과

남자 마리엔 씨, 토요일에 뭐 할 거예요?
여자 글쎄요. 특별한 계획은 없는데 왜요?
남자 그럼 같이 야구장에 갈래요?
여자 야구장요? 주말에 비가 온다고 했어요.
남자 아, 그래요? 그럼 난타 공연은 어때요?
여자 난타가 뭐예요?
남자 난타는 부엌에서 일어나는 일을 보여 주는 공연이에요. 이야기도 재미있고 리듬도 아주 신 나서 정말 볼 만해요.
여자 그래요? 하지만 저는 한국어를 아직 잘 못해서 보기가 어려울 것 같아요.
남자 난타는 말을 하지 않는 공연이어서 외국인도 많이 봐요. 그래서 해외에서도 공연을 많이 해요.
여자 그런 공연이라면 한번 볼 만하겠어요.
남자 그럼 제가 인터넷으로 입장권을 예매할까요?
여자 아니요. 이런 공연은 제 남자 친구하고 같이 보고 싶네요.
남자 아……. 그래요.

6과

남자 소연아, 저번에 소개팅한 남자는 어땠어?
여자 응, 정말 괜찮았어.
남자 그래? 어떤 점이 괜찮았어?
여자 키도 큰 편이고 얼굴도 잘생긴 데다가 체격도 좋아서 딱 내 이상형이었어.
남자 그 사람한테 첫눈에 반했어? 남자는 외모보다 성격이 중요해!
여자 그 남자는 성격도 좋아. 적극적이고 솔직한 데다가 친절했어. 그 사람도 내가 마음에 든 것 같았어.
남자 아, 그래? 그래서 다시 만나기로 했어?
여자 음. 그게……. 아직 연락은 없었지만 곧 연락을 하지 않을까?
남자 아직까지 연락이 없었어?
(잠시 후) 미안하지만 내 생각에는 연락이 안 올 것 같아.

7과

어제부터 내린 비로 빗길 교통사고가 많이 생겼습니다. 오늘 오전 10시 반쯤 서울 시내의 한 도로에서 승용차와 마을버스가 부딪치는 사고가 있었습니다. 이 사고로 승용차 운전자와 마을버스 승객들이 다쳤지만 다행히 크게 다친 사람은 없었습니다.

"전날 비가 많이 와서 사고가 날까 봐 천천히 운전했어요. 도로에 큰 물건이 있어서 멈췄는데 사고가 난 거예요." (승용차 운전자 정 씨)

"앞에 가는 승용차가 갑자기 멈춰서 저도 빨리 멈췄지만 길이 미끄러워서 부딪히게 된 것 같아요. 그래도 승객들이 많이 안 다쳐서 다행이에요. 정말 큰일 날 뻔했어요."
(마을버스 운전자 이 씨)

경찰은 운전자들의 말을 듣고 정확한 사고의 원인을 찾고 있다고 말했습니다.

8과

(통화 연결음)

남자 은주 씨, 어디예요?
여자 조금 이따가 집에서 나가려고 해요. 정훈 씨는 어디예요?
남자 은주 씨 집 쪽으로 가고 있는데 많이 늦을 것 같아요. 미안해요, 은주 씨.
여자 무슨 일이 있었어요?
남자 길에서 사고가 나서 길이 많이 막혔어요. 다른 길을 찾느라고 시간이 많이 걸렸어요.
여자 언제쯤 도착할 것 같아요?
남자 10시 반쯤 될 것 같은데요.
여자 10시에 회사 앞에서 다른 분들하고 만나기로 했잖아요. 우리가 늦으면 다른 분들이 기다릴 텐데 어떡하지요?
남자 우리가 만나서 가면 너무 늦을 것 같아요. 은주 씨는 먼저 출발하는 게 좋겠어요. 아직 시간이 있으니까 늦지 않게 도착할 수 있을 거예요.
여자 알겠어요. 그럼 저 먼저 갈게요. 이따가 만나요.
남자 그래요. 길에서 사고가 나서 늦는다고 다른 분들한테 이야기 좀 해 주세요.
여자 그럴게요. 운전 조심하세요.

어휘 색인

1과

가입하다	25	사귀다	12	중고품	17	다치다	166
간단하다	24	상	11	시원자	23	닭갈비*	41
걔나	11	새롭다	22	지원하다	23	도움이 되다	43
경영학	12	선글라스	21	차갑다	27	돌려주다	39
경치	13	수저	11	차리다	11	동료	42
고개	11	숙이다	11	채팅	22	둘레길*	34
고민	20	스트레스	18	취직하다	21	등산로	34
고치다	23	신제품	17	펴다	11	레몬	43
과학 기술	13	양보하다	11	편리하다	13	모과	43
관련되다	27	역사	21	하나도	12	모과차	43
기르다	27	예전	18	행동하다	27	몸이 안 좋다	34
낯설다	27	외롭다	12	현대사회	27	물집	45
노력하다	23	유창하다	23	화면	16	물집이 생기다	45
다양하다	27	을 생각이다	12	환경	22	바뀌다	32
단점	23	이불	11			발뒤꿈치	45
달라지다	25	이웃	27	### 2과		발목	29
도시	27	입에 맞다	12			배탈(이) 나다	29
동아리	25	자꾸	12	가렵다	29	별로	42
동호회	22	장점	23	가슴	45	부러지다	29
떠나다	27	장학금	21	강하다	43	붓다	29
말고	12	재즈	22	걱정하다	41	비눗물	45
맞다 (전공과)	23	저축	21	걷기	34	비타민	43
메모하다	24	적응하다	25	겨울철	43	뼈	29
면접	23	전공	12	결석하다	32	삐다	29
면접관	23	정	27	고춧가루	42	사랑니	29
무역	12	정을 나누다	27	그러고 싶은데	30	새벽	30
발전시키다	13	정을 떼다	27	깁스	29	생강	43
방바닥	11	정을 붙이다	27	꽤	166	생강차	43
벌써	166	정이 들다	27	나다 (이가)	29	서너	42
보호하다	21	정이 떨어지다	27	낫다	30	선배	38
불편하다	16	정도	12	남다 (기억에)	40	섭취하다	43
비교하다	24	정확하다	20	눈병	29	세 배	43
빼다 (살을)	21	조깅	21	다이어트	39	소화	34

170 열린한국어

시리다	45	충치	29	노트북	55	손발이 맞다	63
신입 사원	39	충혈되다	29	는 걸로/것으로 하고	48	손을 내밀다	63
심하다	43	타다 (햇볕에)	45	대학원	50	승진하다	47
쓰다 (신경을)	30	타코*	35	대화	61	시간을 가지다	61
쓰리다	45	통화하다	32	돌잔치	52	시키다	58
여드름	29	특히	43	두통약	49	실수하다	48
연락하다	166	팬	40	등록금	50	아껴 쓰다	57
염증이 생기다	29	피부	29	마무리하다	56	알람	49
예방하다	43	향기	43	마지막	61	알리다	56
오래되다	42	햇볕	45	마치다	48	야식	54
오랜만이다	166	혹시	41	맞추다 (알람을)	49	업무	58
요금	38	화끈거리다	45	먼저	63	오다 (잠이)	49
우연히	166	회사 생활	33	미루다	61	완성하다	50
윗사람	32			발 벗고 나서다	63	욕심	61
유럽 여행	33	**3과**		발이 넓다	63	우선	63
유자	43			발표	49	워크숍	56
유자차	43	가볍다	50	발표회	60	원로	61
유행하다	42	가지	61	밤늦게	55	원칙	61
응급실	30	강화도*	54	밤을 새우다	53	월급	47
이따가	34	결과	60	배가 아프다	63	위로하다	52
입맛이 없다	34	결정하다	60	병문안	52	의견	52
입원하다	41	고깃집	59	보고하다	47	의논하다	60
잇몸	29	구역	57	부하 직원	58	이미지	167
저리다	45	금연하다	57	분위기	167	이유	58
전달하다	41	급하다	55	비우다 (자리를)	58	인간관계	63
조만간	166	기본	61	사업하다	63	인터넷 전화	49
죽	34	기업인	61	사장님	56	입사하다	47
중(이다)	32	깨다 (잠을)	51	상을 받다	63	일기	49
중요하다	32	끝내다	58	생각	54	일정	56
즐기다	43	나가다 (마중을)	48	생각하다	58	자료	49
직장	42	내밀다	63	서류	56	장애인	57
춘천*	41	냄새	51	소개하다	60	적당하다	167
충분히	43	노약자	57	손님	48	전달하다	56

어휘 색인 **171**

전용	57	휴가를 내다	47	모임을 미루다/ 연기하다	79	음료수	69
정하다	59	휴게실	48			인터넷 카페	65
제안	50	힘들어하다	52	모임을 취소하다	79	장난감	70
제품	167			모집하다	65	줄이다	68
조언하다	50	**4과**		무리하다	69	주고받다	75
졸리다	49			미리	68	주변	77
주의하다	56	관심이 생기다	66	번지 점프	73	진해*	77
주차하다	56	거절하다	72	봉사 단체	65	집중하다	75
지각하다	58	골고루	67	뵙다	72	차이	71
지시하다	58	공지하다	65	부장님	68	참석하다	65
지키다	61	교통수단	77	부탁하다	70	촬영하다	74
직원	56	국회의사당*	77	불꽃놀이	76	축제	76
직접	49	극복하다	75	비디오카메라	74	칭찬하다	75
진정하다	63	기간	77	비밀	74	카페인	69
참	55	기대되다	66	사라지다	75	탈퇴하다	65
참석하다	59	기억하다	79	소금	67	편안하다	75
초	60	깜짝 파티	74	소중하다	75	표현하다	75
초대	52	나누다	72	송년회	65	푹	69
최선을 다하다	61	놀다	70	송별회	65	하루 종일	75
추천하다	48	느끼다	75	신년회	65	한두	79
출근하다	47	대신	77	아쉬워하다	77	한옥마을	73
출장	47	도심을 벗어나다	66	야외	66	해돋이	73
출장을 가다	47	도자기	73	약사	68	행사장	77
출출하다	54	동창	79	어울리다	66	허브 공원	66
퇴근하다	47	동창회	65	에스컬레이터	67	환영회	65
퇴사하다	47	뒤편	77	여의도*	77	활동하다	66
퇴직하다	47	떠들다	67	여의도역*	76	회비	65
특별하다	167	똑같이	71	오랫동안	71	회원	65
팀원	60	만큼	71	우울증	75		
한정식집	48	모이다	74	우울해하다	75	**5과**	
확인하다	58	모임	65	운영하다	65		
회식하다	47	모임에 나가다	79	원래	77	가사	95
회의실	48	모임에 빠지다	79	유행하다	69	갈치구이	83
회장	61	모임을 가지다	79	윤중로*	77	감동적	93

172 열린한국어

감상하다	81	순간	97	참	93	낙관적	99
갑자기	90	시간에 쫓기다	97	참다	91	날아가다	108
경복궁*	89	시간을 내다	97	첫날	89	남쪽	105
공기	83	시간을 쏟다	97	첫사랑	91	납작하다	99
공휴일	95	시간이 멈추다	97	청계천*	88	내성적	99
관람	95	시간이 흐르다	97	치과 치료	91	냉정하다	111
굉장히	82	시청	95	콘서트	90	넘다 (나이가)	110
꼽다	95	신(이) 나다	168	클래식	83	눈이 높다	115
금방	90	실력이 모자라다	82	투자하다	95	느긋하다	99
나타나다	95	실제	95	평소	91	당연하다	100
난타*	94	쌓이다	81	풀다 (스트레스를)	81	덜렁대다	99
남산 N서울타워*	89	야경	89	풀리다 (스트레스가)	81	데리러 가다/오다	113
낭비	94	야구장	94	피로	81	돌아오다	103
내용	82	양치질	91	한가하다	81	동그랗다	99
단위	95	여가	81	한참	97	딱	168
답변	95	여기저기	89	행복	94	마라톤	106
대부분	95	여유	81	현실	95	마이클 잭슨*	110
대사	82	여쭙다	97	활동적	95	맞히다	107
들다 (나이가)	94	예술	95	후회하다	82	모습	100
등	95	원하다	95			미니스커트	108
리듬	168	유용하다	96			반말	101
마감	97	음반	81	**6과**		반팔	113
맞다 (옷이)	91	응답자	95	가난하다	111	밝다	100
모으다	81	이상	95	가수상	110	변하다	109
모자라다	82	이해하다	82	값	105	부르다	110
믿다	83	입장권	168	개봉하다	105	부정적	99
반드시	95	잊다	91	걔	115	비관적	99
보내다 (시간을)	81	자기 계발	95	게 생기다	100	선발되다	113
비디오	95	자막	82	괴롭히다	111	사과하다	115
비율	95	재즈 댄스	85	귀가 얇다	115	성격	99
빠지다 (살이)	85	적극적	95	그래미상*	110	세다	110
사무실	86	전환하다	81	긍정적	99	소개팅	112
사이	91	조사	95	꼼꼼하다	99	소극적	99
수집하다	81	찌다 (살이)	91	나다 (소문이)	111	솔직하다	100

스릴러*	110	지리산*	106	굵다	133	멈추다	130
시간을 맞추다	100	지붕	108	기절하다	123	멍이 들다	121
신청하다	112	진짜로	113	길거리	129	명함	119
실력	110	진하디	99	깨다 (잠이)	119	못	119
쌍커풀	99	착각하다	108	깨뜨리다	120	문틈	131
쓰러지다	108	착하다	111	깨지다	120	미끄러지다	131
어렵다	111	창피해하다	115	꺼지다	123	미끄럼 방지	131
앨범	110	첫눈에 반하다	168	꽂다	131	바닥	124
얼굴이 두껍다	115	체격	168	끄다	117	바르다	122
얼마나	115	최우수	110	끼다	129	박다	119
에 비해서	105	판매원	115	끼이다	131	발목	120
연수	113	팔리다	110	나다 (불이)	125	방송하다	125
옛날	111	팝	110	나다 (화가)	124	밴드	133
오뚝하다	99	프로그램	113	냉장고	127	베다	117
외모	99	한겨울	108	넘어지다	119	벽	119
외우다	108	한라산*	106	놓치다	123	보호대	131
외향적	99	화장품	109	눈이 빠지다	118	부딪치다	131
운전하다	102			다친 데	118	부딪히다	118
이나	110	**7과**		다투다	118	부상	133
이름을 가지다	111			다행이다	118	부상을/상처를 입다	133
이마	99	가구	131	다행히	125	부족하다	126
이상	110	가시	124	닿다	133	붕대	122
이상형	168	가지고 오다	126	데다	117	붙이다	131
인물	111	감다 (붕대를)	122	데려다 주다	125	빗길	169
입술	99	강남역*	124	도로	169	빠지다 (물에)	117
입이 가볍다	115	거래처	119	동물원	125	사고	116
입이 무겁다	115	걸리다 (목에)	124	등	123	사고가 나다	118
잘못하다	115	계단	117	등산객	125	사고를 내다	124
장 (앨범)	110	과속	130	때리다	124	상처	122
절대	115	교통신호	129	뛰어가다	119	상처가 생기다/나다	133
점	168	구르다	117	막다	131	상처가 낫다/아물다	133
조카	111	구하다 (위험에서 사람을)	117	망치	119	설치하다	131
지나다 (시간이)	103			맞다 (비를)	120	손가락 보호대	131
지난번	113	그래도	118	맞은편	124	수술하다	133

스티커	131	콘센트	131	버스전용차로제	149	출퇴근길	151
승객	130	큰일(이) 나다	118	버스전용차선	135	출퇴근하다	149
승용차	130	하이힐	130	별(로)	148	충전하다	135
시내	169	할퀴다	133	부분	139	통행	151
식탁	131	헤드폰	129	빠져나가다	151	통행하다	149
식히다	122	화상	122	상품권	139	특이하다	148
심각하다	133	흉터	122	새벽	137	특징	148
심심하다	126	흉터가 남다	133	생기다 (일이)	143	표지판	135
쏟다 (커피를)	123			서운해하다	147	한산하다	151
쓰레기통	123	**8과**		소풍	138	할인이 되다	135
아물다	133			손수건	146	해결하다	149
안내소	125	가져가다	138	시간이 되다	144	행사	151
안전사고	131	간식	140	시청 광장	151	환승	135
어린이	131	갖다	139	실시하다	149	흘리다 (땀을)	146
얼른	118	거북이걸음을 하다	151	아까	136		
연고	122	경기	139	알겠어요	136		
염색하다	128	경우	149	야생	135		
옮기다	123	고민하다	146	연휴	151		
옷장	120	공사	135	온천	139		
외출	119	교통체증을 피하다	151	용돈	141		
우회전	118	길이 꽉 막히다	151	이동하다	149		
운전자	130	길이 한산하다	151	이용	148		
원인	130	끼리	145	이해심	147		
잠들다	124	단말기	135	일반적	149		
전기	131	대다	135	자가용	149		
전기 안전 덮개	131	대중교통	135	점점	149		
접시	121	돌보다	140	젖다	138		
조심하다	129	듣다 (수업을)	140	제도	149		
준비운동	129	마르다 (목이)	146	종류	148		
쥐가 나다	121	맞다!	136	진료하다	144		
지루하다	124	멋지다	147	차량	151		
짐	123	받다 (사과를)	143	차량 통행이 통제되다	151		
창틈	131	방금	145	최근	149		
치이다	117	방법	148	출근길	151		

천성옥
이화여자대학교 국제대학원 한국학과 한국어교육 석사
인덕대학교 국제어학원 한국어 강사
한국국제교류재단 문화센터 한국어교실 팀장

김윤진
한양대학교 교육대학원 외국인을 위한 한국어교육 석사
한양대학교 국제어학원 한국어 강사
한국국제교류재단 문화센터 한국어교실 주임 교사

정미진
가톨릭대학교 한국어교육학과 박사 과정
가톨릭대학교 한국어교육센터 결혼이민자 한국어교실 교사
한국국제교류재단 문화센터 한국어교실 교사

이순정
경희대학교 교육대학원 외국어로서의 한국어교육 석사
건국대학교 언어교육원 한국어강사
한국국제교류재단 문화센터 한국어교실 교사

여윤희
서울대학교 국어교육과 한국어교육 석사 수료
국민대학교 국제교육원 한국어 강사
한국국제교류재단 문화센터 한국어교실 교사

최진옥
한국외국어대학교 국제지역대학원 한국학과 박사 수료
전 한국국제교류재단 문화센터 한국어교실 교사
칠레 산티아고 세종학당 운영

박성혜
한국방송통신대학교 영문학과 졸업
한국방송통신대학교 한국어교원양성과정 이수 (한국어교원 3급)
한국국제교류재단 문화센터 한국어교실 교사

신아랑
한성대학교 한국어문학과 한국어교육 박사수료
현 동국대학교 언어교육원 한국어 전임강사
전 한성대학교 언어교육원 한국어 강사
전 한국국제교류재단 문화센터 한국어교실 교사

황후영
이화여자대학교 국제대학원 한국학과 한국어교육 석사
한림대학교 국제교육원 한국어 강사
한국국제교류재단 문화센터 한국어교실 교사